HEYNE <

Dr. Wighard Strehlow

DAS HILDEGARD VON BINGEN KOCHBUCH

Die besten Rezepte der Hildegard-Küche

WILHELM HEYNE VERLAG
MÜNCHEN

MIX
Papier | Fördert gute Waldnutzung
FSC® C004378
FSC www.fsc.org

Penguin Random House Verlagsgruppe FSC® N001967

12. Auflage

Neuausgabe 04/2008

Umschlaggestaltung: Eisele Grafik·Design, München
Umschlagillustration: © Harry Bischof / Stockfood
Satz: Schaber Datentechnik, Austria
Druck und Bindung: PBtisk, a.s., Příbram
Printed in the Czech Republic

ISBN 978-3-453-85556-4

www.heyne.de

INHALT

*Dieses Buch ist
meiner Mutter gewidmet,
von der ich die
Liebe zur Kochkunst geerbt habe.*

Danksagung

Dieses Buch ist eine Gemeinschaftsarbeit aller Mitarbeiter vom Hildegard-Kurhaus in Allensbach, bei denen ich mich hiermit ganz herzlich bedanke. Insbesondere danke ich Frau Sophia Kießling und Frau Monika Volk sowie unseren Köchen Frau Blanka Weber und Herrn Dieter Holland-Cunz. Herrn Bäckermeister Thom und Frau Johanna Hübl verdanke ich einige wertvolle Rezepte für Brot und Kuchen. Meiner Frau danke ich für viele phantasievolle Rezeptvorschläge, und Frau Maria Klug war dankenswerterweise wieder die treue Seele bei der Manuskriptarbeit.

Vorwort

Hildegard von Bingen und ihre Heilkunde

Ein eigentliches Kochbuch hat sie nie geschrieben, aber in ihren medizinisch-naturkundlichen Schriften hat sie eine neue Dimension für eine zeitlos gültige Ernährungsheilkunde aufgezeigt. Aus der ihr gegebenen visionären Schau beschrieb sie den ganzen Reichtum unserer Lebensmittel, die diesem Kochbuch zugrunde liegen.
Die Benediktinerin Hildegard von Bingen, geb. 1098 in Bermersheim bei Alzey, hat bereits vor 800 Jahren in ihrem Kapitel über den Weizen die gesamte Vollwert-Reformbewegung vorweggenommen. In ihrer Ernährungslehre liegt der Schlüssel für den Schutz vor den großen ernährungsbedingten Zivilisationskrankheiten unserer Zeit, die heute als unheilbar angesehen werden. Entscheidend für diese gesunde Ernährung sind nicht die Vitamine, Mineralien oder Eiweiße, nicht einmal die Ballaststoffe, sondern der Heilwert in den Lebensmitteln, die sogenannte Subtilität in bezug auf den Menschen. Hildegard kannte aber auch die stärksten Energien in der Schöpfung – sie nannte sie »Viriditas« –, die Kraft des Grünens, der Lebenskraft oder auch die Kraft der Sexualität:

»Kein Baum grünt ohne diese Kraft,
kein Stein entbehrt der grünen Feuchtigkeit,
kein Geschöpf ist ohne diese Eigenschaft,
die lebendige Ewigkeit selbst ist nicht ohne diese Kraft zum Grünen.«

Für ihre Zeitgenossen war sie ein Wunder – Päpste, Kaiser, Könige und das einfache Volk ließen sich scharenweise von ihr beraten. Die erste deutsche Mystikerin schrieb die theologische Trilogie *Wisse die Wege* (»Scivias«), das »psychotherapeutische« Werk *Liber Vitae Meritorium* und eine Vision des Universums, die Wis-

senschaft, Religion und Kunst in sich vereinigt (*De Operatione Dei*). Unter ihrer Aufsicht entstanden farbenprächtige Miniaturen, sie komponierte großartige Lieder und dichtete das erste große Singspiel, »Das Spiel der Kräfte«.
Hildegard von Bingen – Prophetissa teutonica – war eine der bedeutendsten Prophetinnen des christlichen Abendlandes. Von Kindheit an besaß sie die Gabe der Schau, die sie bis zu ihrem letzten Atemzug behielt. Sie starb am 17. September 1179 im 82. Lebensjahr in dem von ihr gegründeten Kloster Rupertsberg bei Bingen am Rhein. Zu ihrem Werk gehört auch eine umfassende Heilkunde, die Körper, Seele und Geist in ihren Zusammenhängen beschreibt. Ihr Arzneimittelbuch (»Physica«) weist über 2000 Rezepturen und Behandlungsmethoden auf. In ihrem medizinischen Lehrbuch »Causae et Curae« beschreibt sie Krankheiten und ihre Behandlungen, die aufgrund ihrer Entstehungsgeschichte von zeitloser Gültigkeit sind und erst heute mit unseren modernen wissenschaftlichen Methoden verstanden werden können. Daher könnte die Hildegard-Heilkunde eine glänzende Erweiterung der modernen Schulmedizin und Naturheilkunde sein.
Dazu schreibt der amerikanische Arzt, Dr. David Frawley, MD, Santa Fe, New Mexico, USA: »Hildegard stützte sich nicht auf medizinische Erfahrung oder auf die traditionelle Klostermedizin, sondern zeigte uns die uns innewohnende eigene Weisheit aus einer höheren Erkenntnisebene, die über alle aus Experimenten und Forschung gewonnenen Erkenntnisse herausragt. Echte Heilung kann man nicht durch äußere Tätigkeit allein erzielen – sie erfordert ein neues Bewußtsein und inneres Mitdenken. Die eigentliche Heilkraft ist eine Sache der inneren Einstellung und des Glaubens und kann nicht mechanisch erreicht oder mit dem Verstand allein vollzogen werden. Sie erfordert die Öffnung zur geistigen Kraft, die sowohl in uns selbst als auch in der gesamten Schöpfung vorhanden ist. Darin allein liegt die tatsächliche Wurzel der ganzheitlichen Human-Medizin.«

Dr. Wighard Strehlow
Allensbach am Bodensee, im Herbst 1995

Einleitung

Lebensmittel sind wirksame Heilmittel, das wußte bereits Hippokrates. Aber meist sucht man in modernen Kochbüchern vergeblich nach gezielten Hinweisen auf die Heilkräfte von Getreide, Obst und Gemüse. Interessanterweise heilen jedoch die Chinesen mit der richtigen Auswahl von Lebensmitteln genauso wie die alten Inder mit ihrer Ayurveda (Sanskrit: Ayur = Leben, Veda/Weda = Wissen) oder die Japaner durch ihre Makrobiotik, wobei jeweils die Küche zur Apotheke wird.

Um so erstaunlicher war die Entdeckung, daß Hildegard von Bingen für uns Europäer bereits vor 800 Jahren als Erste und Einzige die Heilkräfte in den Lebensmitteln in ihren medizinischen Büchern über die Ursachen der Krankheiten *Causae et Curae* und in der Naturheilkunde *Physica* beschrieb: »In der Natur, in den Bäumen und in den Pflanzen, in den Kräutern und Gewürzen, Vögeln, Fischen und Tieren und sogar in den Edelsteinen sind starke Heilmittel verborgen, die niemand wissen kann, wenn sie einem nicht von Gott geoffenbart werden.«

Es lohnt sich, diese Heilkräfte zu kennen, besonders in unserer Zeit, wo 80% der Bevölkerung an sogenannten unheilbaren, hauptsächlich ernährungsbedingten Zivilisationskrankheiten leidet und stirbt.

Jährlich müssen wir über 100 Milliarden DM Behandlungskosten aufbringen, ohne die geringsten Aussichten auf Erfolg, weil die Ursachen, die zu diesen Krankheiten führen – so wie sie Hildegard von Bingen schon vor 800 Jahren aufgeschrieben hat – immer noch nicht berücksichtigt werden. Diese Krankheiten sind erst durch Überfluß entstanden, denn viele Naturvölker, die in großer Armut leben, kennen weder Karies noch Bluthochdruck, Herzinfarkt oder Kreislaufleiden, Diabetes oder Depressionen und haben noch im hohen Alter blendendweiße Zähne, weil sie weder Zucker noch Weißmehl kennen.

Erst während der letzten 100 Jahre haben wir die Lebens- und Eßgewohnheiten unserer Vorväter abgelegt und sind durch den Luxus in eine totale Über- und Fehlernährung hineingeraten. Dazu kommt noch Dauerstreß durch unsere Lebensweise, der zu Erschöpfung und Abwehrschwäche führen kann (Burn-out-Syndrom). Sogar die Umwelt ist durch die industrielle Verseuchung zu einer großen Gefahr für unsere Gesundheit geworden. Auch hierzu vernimmt Hildegard bereits vor 800 Jahren den Aufschrei der Elemente: »Wir können nicht mehr atmen und unsere Funktionen vollbringen, denn die Menschen haben uns durch ihre bösen Taten vergiftet.«
Die Erde wurde nicht nur durch die Agrarwirtschaft verseucht. Im Trinkwasser finden sich krebserregende Substanzen wie Nitrate und Pestizide. Ruß und Ozon belasten die Luft. Wen wundert es noch, daß viele unserer Lebensmittel ebenfalls von diesem Giften verseucht werden?
Dieses kleine Kochbuch wurde geschrieben, um den Menschen durch die richtige Auswahl und Zubereitung der Lebensmittel wieder Mut zu machen und ihnen aus dieser Not herauszuhelfen. Dabei ist es oberstes Ziel, das Essen so bekömmlich und wohlschmeckend zu bereiten, daß die Gesundheit gefördert, die Leistungsfähigkeit erhöht und die Lebensfreude gesteigert wird.
Hildegards Anweisungen helfen uns aber auch, Lebensmittel gezielt als Heilmittel einzusetzen, um an gesunden und kranken Tagen leistungsstark und munter über die Runden zu kommen. Doch Hildegard-Heilkunde ist mehr als nur Ernährungstherapie. Zu ihr gehört auch der Rhythmus des Lebens, eine Art Lebenskunst, die sich in »sechs goldenen Regeln« wie folgt zusammenfassen läßt:

1. *Der Mensch ist Teil der Schöpfung,* und die Lebenskraft und die Heilung befinden sich in dieser Schöpfung. Dazu gehören die Bäume, die Pflanzen, die Kräuter, die Tiere, die Vögel und die Fische. Das heilende Prinzip liegt in jedem Menschen selbst verborgen und kann durch diese Heilkräfte geweckt werden: »O Mensch, schau dir den Menschen an! Der Mensch hat näm-

lich Himmel und Erde und alles, was geschaffen ist, in sich vereinigt, und alles liegt in ihm verborgen.«

2. *Deine Lebensmittel sollen deine Heilmittel sein.* Achten Sie beim Essen und Trinken auf die Heilkräfte in den Lebensmitteln, so daß Diätfehler gar nicht erst auftreten und Schäden vorbeugend verhütet werden können.

3. *Sorgen Sie für einen natürlichen Schlaf* zur Regeneration überstrapazierter Nerven.

4. *Arbeit und Muße sollen in einem gesunden Gleichgewicht stehen,* so wie es die Benediktiner gemäß ihrem Motto »ora et labora« seit jeher pflegen. Erholen Sie sich in den Pausen durch Meditation, Gebet, Tanz und Gesang.

5. *Sorgen Sie für eine regelmäßige Reinigung und Entgiftung des Körpers* durch eine gute Verdauung, einen jährlichen Hildegardischen Aderlaß (siehe unten), die Reinigung des Bindegewebes durch Schröpfen und die Ausleitung von Schlacken- und Giftstoffen über die Haut durch Sauna und Bäder.

6. *Sorgen Sie für die Reinigung und Entgiftung Ihrer Seele* von Frust und Angst, Kränkungen und Verdrängungen. Hildegard beschreibt 35 seelisch ausgelöste Krankheitsursachen, hinter denen aber auch 35 seelische Heilmittel stehen, wobei das Fasten das Universalheilmittel für die Seele und eine Stärkung des körpereigenen Immunsystems darstellt (siehe dazu die *Psychotherapie der heiligen Hildegard* »Heilen durch die Kraft der Seele«, Hermann Bauer Verlag, Freiburg, 1993).

Hildegardischer Aderlaß

Der Hildegardischer Aderlaß bewirkt sowohl eine Entgiftung des Gesamtstoffwechsels als auch eine Stimulation der körpereigenen Heilkräfte. Fehlblockaden, die den natürlichen Heilungsprozeß unterdrücken, werden durch diesen sanften Eingriff entfernt, so daß natürliche Heilungsvorgänge im Sinne einer Umstimmung ablaufen können. Man beobachtet eine sofortige Reduktion des Cholesterin- und Gallensäurespiegels, die automatisch auch eine natürliche Hormonbildung zur Folge haben. Der Aderlaß wird einmal jährlich in der Zeit nach dem Vollmond durchgeführt. Man öffnet dabei entweder die Kopf-, Leber- oder Mittelvene in der Armbeuge wie bei einer ganz normalen Blutentnahme und entnimmt ca. 150 ml Blut. Der Endpunkt wird durch einen Farbumschlag von schwarz auf rot bestimmt. Dieser Umschlag signalisiert die Entfernung der schlechten Säfte (Schwarzgalle). Nach dem Farbumschlag darf kein Blut mehr entnommen werden. Nach dem Aderlaß muß eine gewisse Diät mit Dinkel, Obst und Gemüse eingehalten werden.

Die Hildegard-Ernährungstherapie basiert auf den Begriffen der Viriditas (Lebenskraft, die Kraft des Grünens) und der Subtilität (dem Heilwert der Lebensmittel), aus denen der gesamte Organismus seine Energie-, Bau- und Heilstoffe bezieht. Wichtiger als alle Pillen und Elixiere sind daher die Heilkräfte im Getreide, in Obst und Gemüse, in den Kräutern und Gewürzen, Fleisch und Fischen, von denen hier die Rede sein soll.
Das wichtigste Getreide ist das Urgetreide, der Dinkel *(Triticum spelta)*. Seine Wirkungsweise auf den Menschen grenzt an das Wunderbare, so daß man meinen könnte, es sei etwas Geheimnisvolles in ihm verborgen. Die Vitalisierung durch Dinkel erstreckt sich auf den gesamten Organismus und eröffnet die Möglichkeit zur Heilung und Regeneration wie ein Universalheilmittel für den Bestand des Lebens, für die Gesundheit und zur Heilung von Krankheiten.
Tatsächlich enthält er alles, was der Mensch zum Leben braucht: Eiweiß und Kohlenhydrate, Fett und Vitamine, Mineralien, Spurenelemente und die sogenannten sekundären Inhaltsstoffe, wie Geschmacks- und Heilstoffe, die den Vitaminen schon längst den Rang abgelaufen haben. Diese neuentdeckten Heilstoffe fördern nicht nur das Wachstum der Zellen, sondern helfen auch, den Körper zu entgiften und ihn vor vielen tödlichen Tumorarten zu schützen.
Zu diesen Stoffen gehört das kürzlich von Professor Weuffen an der Universität Greifswald entdeckte Thiocyanad oder Rhodanid, ein natürliches Antibiotikum, mit dem sich der Körper gegen Infek-

tionen schützt. Rhodanid befindet sich beispielsweise in der Tränenflüssigkeit, im Nasensekret, im Speichel, im Blut, vor allem aber in der Muttermilch, wodurch das Baby einen natürlichen Infektionsschutz gegen Bakterien und Pilze erhält. Die vitalisierende Wirkung von Rhodanid im Dinkel beruht auf seinen wachstumsfördernden Eigenschaften. Alle besonders stark arbeitenden Zellen, die für Blutbildung, Abwehr, Wachstum und Sexualität notwendig sind, werden durch Rhodanid angeregt. Dinkel über Generationen gegessen, stabilisiert die Erbanlagen und verhütet Mißbildungen während der Schwangerschaft. Soweit uns heute bekannt ist, ist Dinkel das einzige Lebensmittel, das keine Allergien auslöst, da das Rhodanid antiallergene Wirkung besitzt.
Hildegard von Bingen hat aus ihrer visionären Schau die Heilkräfte des Dinkels über alle anderen Lebensmittel gelobt, so daß sie zusammenfassend schreiben konnte: »Dinkel ist das beste Getreide. Es wirkt wärmend und fettend, ist hochwertig und milder als alle anderen Getreidekörner. Wer Dinkel ißt, bildet gutes Fleisch. Dinkel führt zu einem rechten Blut, gibt ein fröhliches Gemüt und die Gabe des Frohsinns. Wie immer zubereitet Sie Dinkel essen – so oder so – als Brot oder als eine andere Speise gekocht, Dinkel ist mit einem Wort gut und leicht verdaulich.«
Aufgrund jahrzehntelanger Erfahrung mit der Wirksamkeit von Dinkel wurde bewiesen, daß durch Dinkel 80 % der Heilung und Linderung bei folgenden Erkrankungen erzielt wurden:

1. Magen-Darm-Erkrankungen
   - Colitis ulcerosa (Dickdarmentzündung)
   - Morbus Crohn (chronische Entzündung des unteren Dünndarms)
   - Durchfall
   - Obstipation (Verstopfung)
   - Hämorrhoiden (Erkrankung des Enddarms)
   - Divertikulose (Ausbuchtungen der Darmwand)
   - Darmkrämpfe
   - Zöliakie (chronische Verdauungsstörung bei Kleinkindern; Sprue bei Erwachsenen)

2. Neurodermitis und andere Allergien

3. Stoffwechselkrankheiten
   - Fettstoffwechselstörungen
   - Fettsucht
   - Diabetes (Zuckerkrankheit)

4. Chronisch-entzündliche Infektionen
   - Angina
   - Multiple Sklerose
   - AIDS

5. Rheumatische Erkrankungen (chronische Polyarthritis)

6. Geschwulsterkrankungen
   - Präkanzerosen (Gewebeveränderungen, häufig in Krebs übergehend)
   - CA-Diät (Krebs-Diät)

7. Nervenleiden (Depressionen)

8. Arzneimittelschäden (Antibiotika-Schäden)

9. Nahrungsmittel-Allergien (z. B. Weizen- und Haferunverträglichkeit)

Finlandia-Studie

Neuste wissenschaftliche Studien in Finnland durch Dr. med. T. Adlercreuz in Helsinki bestätigen in glänzender Übereinstimmung Hildegards Ernährungstherapie. In dieser sogenannten »Finlandia-Studie« wurden innerhalb von 10 Jahren Vegetarier in verschiedenen Ländern untersucht (Adventisten, Makrobiotiker und Asiaten) im Vergleich zu Personen mit einer sogenannten Zivilisationskost auf der Basis von viel Fleisch und Fett. Dabei zeigte sich, daß durch den erhöhten Fleisch- und Fettkonsum ein höherer Cholesterin- und Gallensäurespiegel entsteht, die wiederum für einen höheren Sexualhormonspiegel verantwortlich sind. In dieser Gruppe treten viel mehr sexualhormonbedingte Tumorarten auf (Dickdarm-, Prostata-, Brustkrebs) als in der Gruppe der Vegetarier. Das geringere Krebsrisiko bei Vegetariern geht darauf zurück, daß bei vegetarischer Kost, wie z. B. Hildegards Dinkel-, Obst- und Gemüse-Küche viele Ballaststoffe in den Dünndarm gelangen, wo sie Cholesterin und Gallensäure binden und der übernormale Hormonspiegel dadurch auf natürliche Art und Weise gesenkt wird.

Die Vollwerternährung

Hildegard war ihrer Zeit weit voraus und hat bereits vor 800 Jahren die ganze Reformbewegung über die Vollwertkost in ihrem **Weizenkapitel** vorweggenommen:
»Weizen erwärmt den Menschen und ist so vollkommen, daß er keine Zusatzstoffe braucht. Wenn man nämlich das Weizenvollkornmehl herstellt, ist das Brot aus diesem Vollmehl gut für Gesunde und Kranke und führt im Menschen zum rechten Muskelfleisch und gutem Blut.«
Wenn dagegen der Müller den Grieß heraussiebt und aus diesem Weißmehl-Brot bäckt, wirkt das Brot auf den Menschen krankmachender und schwächender als wenn man das Brot aus Vollkornmehl gebacken hätte. Dieses Weißmehl hat nämlich seinen Weizenwert verloren und bewirkt im Menschen starke Verschleimung. Wer die Weizenkörner kocht und sie wie andere Speisen essen will, bildet weder rechtes Blut noch rechtes Fleisch, höchstens starke Verschleimung, weil gekochter Weizen kaum vertragen werden kann. Der Kranke hat davon nicht den geringsten Vorteil zu erwarten, wenn schon der Gesunde zur Not damit fertig werden wird. Weizen ist daher ein reines Backgetreide und eignet sich nicht zum Kochen, weder zur Herstellung von Grieß noch zur Zubereitung von Teigwaren. Als Kochgetreide sollte man nur **Dinkel** verwenden.
Hafer ist fast so gut wie Dinkel, weil er Frohsinn und Gesundheit fördert. Kranke Personen sollten keinen Hafer essen, da er zu Verstopfung führen kann. »Hafer erwärmt insbesondere die Geschmacksnerven und fördert den Geruchsinn. Hafer fördert bei gesunden Menschen ein fröhliches Gemüt, eine reine und helle Aufgeschlossenheit (Intelligenz) und die Haut wird schön und das Fleisch kernig gesund.
Menschen, die nur zeitweise wenig durchblutet sind, leiden nicht durch die Haferkost, wenn sie Haferbrot oder -brei essen.

Gerste Roggen Weizen Hafer Dinkel

Wer aber krank und blutarm ist (Anämie), soll keinen Hafer essen, weil seine Verdauung eine gute Durchblutung voraussetzt. Der Hafer würde sich in seinem Magen verklumpen und verschleimen und keine Heilkräfte abgeben, weil er zu sehr ausgekühlt ist.«

Roggen ist ein Schlankmacher für die Dicken, weil mit Roggen die Pfunde purzeln. Dünne, schlecht durchblutete Personen, besonders jene mit Gastritis können Roggen nicht gut verdauen.

»Roggen erhitzt den Menschen, obwohl er kühler als Weizen ist. Dafür hat er viele andere Werte. Gesunde essen mit Nutzen Roggenbrot, da es die Gesundheit stärkt. Roggenbrot sollten alle mit starkem Fettansatz essen, weil es sie kräftig macht, aber ihr Speckpolster mindert. Menschen mit schwachem Magen (Gastritis, mangelnde Magensäure) sollten kein Roggenbrot essen, weil sie es nicht verdauen können. Bei ihnen könnte Roggenbrot stürmische Verdauungserscheinungen auslösen, weil ihre Verdauung damit nicht fertig wird.«

Die berühmte **Gerstensuppe** taugt weder für Gesunde noch Kranke, da »Gerste eine auskühlende Wirkung hat, die frostiger und schwächer macht als alle anderen Getreidekörner. Gerste, als Brot oder Suppe gegessen, verletzt gesunde und ausgekühlte,

kreislaufschwache Menschen, denn die Gerste hat nicht die Heilkräfte der anderen Getreidearten.«
In flüssiger Form ist Gerste als Bier gut und bekömmlich, weil »Bier die Muskelpartien des Menschen wachsen läßt und es wegen der Stärke und Güte des Gerstensaftes eine schöne Gesichtsfarbe macht.« Dasselbe trifft natürlich auch für Dinkelbier zu, ein gutes Kräftigungsmittel für alle Kranken und Gesunden.
Gerstensaft aus gleichen Gewichtsmengen Hafer (3 EL) und Gerste (3 EL) mit 2 EL Fenchel in 1 Liter Wasser gekocht, ist ein vorzügliches Krankengetränk und wird selbst von todkranken Patienten, die nichts mehr essen oder trinken können, gut vertragen. Es schützt sie vor der Austrocknung.
Grünkern, der unreife Dinkel, ist kein Lebensmittel, weil unreife Früchte ungenießbar sind und nicht die gleichen Heilkräfte wie die reifen besitzen. Dasselbe gilt für »Biosnacks«, Keime, Sprossen und sonstige Gräser.

Problematische Lebensmittel

In der Hildegard-Küche gibt es nur wenige Einschränkungen, wenn man sie ohne Fanatismus und im rechten Maße betreibt. Viele Früchte und Gemüsearten sind von Hildegard nicht beschrieben, vor allem jene, die erst durch die Entdeckung Amerikas nach Europa gekommen sind. Dazu gehören die Nachtschattengewächse: Kartoffeln, Tomaten, Paprika und Auberginen, die aufgrund ihrer Inhaltsstoffe (Alkaloide) besonders zu psychotropen Einwirkungen führen können. Man kann Tomaten und Kartoffeln hin und wieder auch in der Hildegard-Küche verwenden, aber eine Heilwirkung im Sinne Hildegards wird man mit diesen Gemüsearten nicht erreichen. Auf dem Küchenzettel von Krebskranken, insbesondere von Leukämiepatienten, haben Nachtschattengewächse allerdings nichts zu suchen, da sie diese Krankheiten noch verstärken können. Gemüsearten wie Artischocken, Schwarzwurzeln oder Früchte wie Avocados, Kiwis und ähnliche Exoten, über die es selbstverständlich keinen Hildegard-Kommentar gibt, sollten in der Hildegard-Küche nur eine untergeordnete Rolle spielen und selten eingesetzt werden.

Küchen»gifte«

Von den klassischen Küchen»giften« gibt es allerdings Hildegard-Kommentare, die bei empfindlichen Menschen auf schwere gesundheitliche Schädigungen hinweisen:

- **Erdbeeren:** verschleimen und führen zu Entzündungszuständen (Allergien, Ekzeme, Blinddarm- und Mittelohrentzündungen).

- **Pfirsiche:** fördern die Verschleimung, zerstören die guten Säfte, wodurch Stoffwechselstörungen ausgelöst werden können.
- **Pflaumen:** fördern die Melanche (»Schwarzgalle«/Gallensäure) und vermehren die Säuren (Harnsäure), wodurch es zu Stimmungsschwankungen, Depressionen und Rheuma kommen kann.
- **Lauch:** zerstört das Abwehrsystem des Menschen, weil er das Blut und alle Säfte in ihr Gegenteil verdreht (pravi humores).

Man wird zwar nicht gleich tot umfallen, wenn man solche Küchengifte verwendet, aber bei einem Betroffenen kann z. B. eine Lauchsuppe einen Rheumaschub oder ein Ekzem auslösen.

Rohkostverbot: *kein Müsli, kein Frischkornbrei!*

Im Unterschied zu vielen anderen Naturheilverfahren vermeidet die Hildegard-Heilkunde die Rohkost, denn »wenn der Mensch rohe Äpfel oder Birnen oder rohes Gemüse oder sonstige ungekochte Speisen genossen hat, die weder auf dem Feuer, noch mit irgendeinem Gewürz zurechtgemacht wurden, so können diese in seinem Magen nicht fertig gekocht werden, weil sie vorher nicht zurechtgemacht waren«. So steigen die schlechten Säfte aus den Speisen, die eigentlich auf dem Feuer oder mit irgendeinem Gewürz wie Salz oder Essig hätten zubereitet und neutralisiert werden müssen, zur Milz auf und verwandeln diese möglicherweise in eine schmerzhafte Geschwulst.
Wie unter einer Endoskopie beobachtet Hildegard insbesondere die Verfärbung des Magens durch Rohkost:
»Wenn die Menschen zuweilen übermäßig viele Speisen gegessen haben, die entweder zu roh oder ungekocht oder halbgar und besonders fett und schwer oder auch saftlos und trocken waren, dann können manchmal das Herz, die Leber und die Lunge und die anderen Wärmespeicher, die im Menschen sind, dem Magen

nicht mit soviel und so starker Wärme beispringen, daß diese Speisen gar gekocht werden. Daher gerinnen sie im Magen, verhärten sich und werden schimmelig, so daß sie den Magen zuweilen etwas grün oder blaugrün oder auch bleifarbig machen oder mit viel Schleim belasten, so daß die schlechten Säfte die schädlichen, übelriechenden Darmgase wie ein faulender Düngerhaufen durch den ganzen Körper aussenden.«

Wir wissen heute, daß sehr viele Rohköstler unter ständigen Darmgasen (Fäulnisgasen), dauerndem Frieren an Händen und Füßen und besonders an Gedächtnisstörungen leiden, weil der Kopf durch Rohkost schlecht durchblutet wird. Die natürliche Darmflora wird durch Rohkost geschädigt, geht in Fäulniserreger und sogar in Pilzinfektionen über, wodurch speziell das Abwehrsystem leidet. Man wird also gut daran tun, in der Hildegard-Küche alles zu kochen, zu dünsten bzw. mit Beizen oder sogenannten Dressings vorher anzumachen und zu entgiften.

Lebensmittel und ihre Wirkung

Weinessig – für eine gute Verdauung

»Weinessig taugt als Zusatz zu allen Speisen, und zwar dann, wenn er den Gerichten so beigefügt wird, daß er ihnen nicht den Eigengeschmack nimmt, sondern man nur ganz wenig vom Essiggeschmack merkt. Auf solche Weise reinigt er das Stinkende (Blähungen, Gase, besonders bei Pilzinfektionen) im Menschen und reduziert in ihnen die schlechten Säfte und sorgt dafür, daß es richtig verdaut wird.«

Salz – verstärkt die Wirkung der Speisen

»Salz ist sehr warm, etwas feucht und dem Menschen zu vielem nützlich. Wer Speisen ohne Salz ißt, wird innerlich schwach. Wer sie daher mit Salz anmacht oder würzt, den stärken und gesunden diese Speisen. Allzu stark gesalzene Kost macht innen trocken und schädigt... Darum soll jede Speise so gesalzen werden, daß man die Speise vor dem Salz herausschmeckt.«

Früchte

Äpfel – »An apple a day, keeps the doctor away.«

So sagen die Amerikaner. Wer einen Apfel am Tag ißt, braucht keinen Arzt. Denn die Äpfel sind für Gesunde gut zu essen, weil sie bereits vom Nachttau gereift und »vorgekocht« sind. Alle Kranken vertragen Apfelkompott. Weil sie das Wachstum krankmachender Fäulnisbakterien verhindern, wird Apfelkompott als ein-

zige Notfall-Nahrung bei der Behandlung von Durchfall-Patienten besonders gut vertragen.
Beim Kompott wird zuerst Wasser mit Zitronensaft, Vanille, Gewürznelken, Muskat und Galgant aufgekocht, dann die vorbereiteten Apfelschnitze hineingegeben. Nur ziehen lassen, nicht aufkochen. Besonders lecker ist eine Wasser-Weißwein-Mischung zur Kompottherstellung.

Birnen – reinigen den Magen

Birnen sollten nicht roh gegessen werden, schon gar nicht von Kranken, da sie noch nicht vom Morgentau durchgekocht wurden. »Deshalb verursachen rohe Birnen im Menschen schädigende Säfte, weil sie aus dem bereits schwindenden Morgentau wachsen. Wer Birnen essen will, koche sie in Wasser oder dörre sie am Feuer (Kletzenbirnen). Gekocht sind sie noch gesünder als gedörrt, liegen aber dem Esser etwas schwer im Magen, weil sie alles Faule im Magen freisetzen, wobei sie eine gute Verdauung bereiten und das Faulende aus dem Körper ausleiten. Äpfel verdauen sich zwar leicht, räumen aber nicht mit den Fäulnisstoffen auf.«
Birnen sind also ein gutes Karminativum, d. h. sie reinigen Magen und Darm. Besonders in der Kombination mit Bärwurzmischpulver und Honig eignet sich Birnenmus als Brotaufstrich und ist das beste Reinigungsmittel gegen Darmpilze. Birnensaft sollte man nicht trinken, weil er Kopfschmerzen oder auch Migräne auslösen könnte.

Brombeeren – sind leicht verdaulich

Sie können von Gesunden und Kranken gegessen werden, denn: »Die Brombeeren verletzen weder Gesunde noch Kranke und werden leicht verdaut. Sie haben aber keine besondere Heilwirkung.«

Datteln – stärken die Muskelkraft

»Wer Datteln gekocht ißt, bringt seinem Körper fast soviel Kraft wie durch Brot. Aber sehr leicht machen sie kurzatmig und beschweren, wenn man zuviel davon ißt.«

Edelkastanien – als Universalkräftigungsmittel

Die Edelkastanie ist wie der Dinkel und der Fenchel 100%ig gesund und trägt bei Hildegard die Eigenschaften der »Diskretio«, dem rechten Maß in allen Dingen. Die Edelkastanie stärkt vor allem die Abwehrkräfte bei stark heruntergekommenen Krebs- oder AIDS-Patienten.
»Der Kastanienbaum ist sehr warm und hat aufgrund dieser Wärme große Kraft, da er die Diskretio symbolisiert. Alles, was in ihm ist, und besonders seine Frucht, ist nützlich gegen jede Schwäche, die im Menschen ist.«
Die Edelkastanie war bis ins Barockzeitalter ein wichtiges, wertvolles Volksnahrungsmittel und wurde erst später durch die ertragreichere Kartoffel verdrängt. Die Früchte enthalten neben Stärke und Eiweiß hochwertige Kohlenhydrate, die das Nervensystem mit Energie versorgen. Und sie enthalten Neurotransmitter (GABA), die für die Nervenfortleitung und Muskelerregung notwendig sind. Daher eignen sich Edelkastanien vorzüglich zum Schutz vor Nervenzerfall (Alzheimer Krankheit), Dauerstreß oder bei der Parkinsonschen Krankheit. Die Edelkastanien können auch für Diabetiker empfohlen werden, da die Früchte keine Hexosen vom Typ Glucose (Traubenzucker) oder Fructose (Fruchtzucker) enthalten.

Feigen – nur vorübergehend bei Schwäche

Gesunde sollten keine Feigen essen, denn: »Sie zu essen taugen sie einem Gesunden nicht, da sie ihn gelüstig und aufgeblasen machen, so daß ihn der Ehrgeiz packt und die Habgier, so daß er sittlich haltlos wird ... Alle Fleischpartien fließen auseinander und alle guten Säfte werden bös durcheinander gebracht. Einem geschwächten, körperlich heruntergekommenen Menschen sind Feigen gut zu essen, bis es ihm besser geht, und nachher esse er sie nicht mehr.«

Hagebutte – fördert die Verdauung, reinigt den Magen

»Wer gesund ist oder am Magen-Darm erkrankt ist, koche die Hagebutte und esse sie oft. Sie reinigt den Magen und nimmt den Schleim. Wer aber schwer körperlich krank ist, sollte sie nicht essen, weil sie den Magen belastet. Wer gesund ist, dem schaden Hagebutten weder roh noch gekocht.«

Himbeeren – senken das Fieber bei Virusinfektionen

»Denn Himbeeren sind kalt und brauchbar gegen Fieber. Wer Fieber hat und appetitlos ist, koche Himbeeren in wenig Wasser, lasse sie darin liegen und trinke diesen Himbeersaft morgens und abends und lege die in Wasser gekochten Himbeerblätter als Kompresse auf seinen Magen für eine Stunde. Das soll er drei Tage lang tun, und das Fieber wird weichen.«

Ingwer – macht unkonzentriert, dumm und faul

»Ingwer schadet einem gesunden und fetten Menschen, weil er ihn unkonzentriert, dumm und faul und ausgelassen macht. Nur, wer körperlich mager und schon fast am Ende ist, nehme auf leeren Magen ein wenig Ingwerpulver in Suppe und esse zwischendurch ein wenig auf Brot, und es wird ihm besser gehen. Sobald es ihm aber besser geht, esse er nichts mehr davon, um keinen Schaden zu nehmen.«

Johannisbeeren – Schutz vor Gicht

Hildegard nennt den schwarzen Johannisbeerstrauch auch den »Gichtbaum«, denn seine Früchte schützen gegen Rheuma und vor allen Dingen vor der Vergichtung oder Verdichtung des Gehirns (Alzheimer Krankheit, Morbus Parkinson). »Johannisbeere ist sehr warm. Seine Frische und Säfte kann man nicht allein gebrauchen, solange sie nicht mit anderen Pflanzen und Aromen gemischt werden. Dann bekommen sie noch einen höheren Nutzwert.«

Johannisbeersaft mit etwas Zitronensaft verstärkt und etwas Zimt ist ein hervorragender Erfrischungstrunk für das ermüdete Gehirn, steigert die Konzentration und die Schaffenskraft. Besonders Alzheimer-Patienten erfahren durch den schwarzen Johannisbeersaft eine merkliche Vitalitätssteigerung.

Kirschen – schädigen nicht

Kirschen kann man ohne weiteres essen, obgleich die Kirsche weder besonders nützlich noch schädlich ist. »Sie schadet einem Gesunden nicht, aber wenn ein Kranker oder jemand mit schlechten Säften davon ißt, bekommt er leicht Beschwerden. Damit man aber keine Beschwerden (Bauchschmerzen) bekommt, trinke der Mensch sogleich einen Schluck guten Weins danach.«

Kornelkirschen – stärken die Abwehr und reinigen das Blut

Auch diese Wildpflanze verfügt über starke Heilkräfte, die das Blut reinigen und die Abwehrkraft stärken.
»Die Kornelkirsche verletzt keinen Menschen, denn sie reinigt und stärkt den schwachen und auch gesunden Magen und fördert die Gesundheit.«
Die knallroten, weitverbreiteten hagebuttenähnlichen Früchte enthalten den roten Fruchtfarbstoff der Anthocyane, die zur Vitamin-P-Gruppe gehören. Dieses Vitamin P ist ein wichtiger Schutz- und Reparaturfaktor bei Entzündungen und Verletzungen der Schleimhäute und Blutgefäße, z. B. bei Gastritis oder Krampfaderleiden.

Maulbeeren – reinigen die Leber

»Die Maulbeere schadet weder Gesunden noch Kranken, nützt aber mehr als sie schadet.« Bei Leberleiden werden 3 Eßlöffel Maulbeeren in 1 Liter Rotwein unter Zusatz von 2 EL Weinessig und 150 g Honig 5 Minuten gekocht, abgeschäumt, abgesiebt und 3mal täglich 1 Likörglas davon als Aperitif getrunken.

Mispeln – stärken die Muskeln, reinigen das Blut

Die Mispel *(Nespullus germanica)* ist eine heilkräftige Wildpflanze, die noch die Urkräfte der Natur enthält. Sie hat eine blutreinigende und stärkende Wirkung. Im Mittelmeerraum ist sie sehr beliebt und verbreitet, sei es als »Nespole« oder »Nespoli« oder »Nespola«, je nach dem Land, in dem sie wachsen.
Die Mispel ist für Kranke und Gesunde gut und nützlich, wieviel man auch davon ißt, weil sie dem Menschen die Muskeln wachsen läßt und sein Blut reinigt. Mispelfrüchte oder auch Mispelmarmelade kräftigen und reinigen das Blut.

Orangen und Zitronen – Schutz vor Infektionen

Die Zitrusfrüchte Orangen *(Citrus sinensis)* und Zitronen *(Citrus limon)* werden bei Hildegard als Bondziderbaum beschrieben:
»Das Essen der Bondzider räumt im Menschen mit den Fieberstoffen auf.« Wir wissen heute, daß die Wirkung der Zitrusfrüchte bei fieberhaften Infektionen auf das Vitamin C zurückgeführt werden kann. Dieses Vitamin ist an der Biosynthese der Nebennieren beteiligt und schützt vor Streßzuständen wie Infektionskrankheiten, Verletzungen, Verbrennungen, Blutverlusten sowie bei starker körperlicher und psychischer Erschöpfung.

Quitten – leiten die Rheumastoffe aus dem Körper aus

Es gibt drei Quittenarten, die Apfel-, Birnen- und die Portugalquitte, die am ertragreichsten ist. Quitten sind 100%ig gesund und können von Gesunden und Kranken sogar roh gegessen werden. Dazu werden sie geraspelt und mit etwas gesüßtem Rahm zu Quittenmus verarbeitet. Kurmäßig kann man Quitten in jeder Form gegen Rheuma und Gicht einsetzen.
»Quitten sind warm und trocken und haben eine feine Ausgeglichenheit in sich. Wenn sie reif sind, verletzen sie roh gegessen weder Kranke noch Gesunde. Sie helfen Kranken und Gesunden,

gekocht und gedörrt. Wer vergichtet ist, esse fleißig gekochte Quitten, und sie räumen mit dem Giftstoff gründlich in ihm auf, so daß die Gicht weder das Nervensystem zerstört noch angreift.«

Süße Mandeln – füllen das leere Gehirn

»Wer ein leeres Gehirn hat und eine schlechte Gesichtsfarbe und daher Kopfweh, esse oft süße Mandeln (täglich 5–10 Stück), dem füllen sie das Gehirn und geben ihm eine gute Gesichtsfarbe. Aber auch wer lungenkrank ist und an der Leber leidet, esse oft Mandeln roh oder gekocht, und sie kräftigen die Lunge, weil sie den Menschen in keiner Weise belasten, sondern ihn stärken.«
Süße Mandeln symbolisieren die Lebenskraft (»Viriditas«), denn sie enthalten alles, was der Mensch zum Aufbau seines Nerven-, Blut- und Knochensystems benötigt: wertvolles Eiweiß (20 g/100 g Mandeln), Faserstoffe (10 g/100 g Mandeln), Kalzium (230 mg/100 g Mandeln), Eisen und Vitamine. Sie eignen sich daher besonders zum Schutz vor Nervenschwäche (Alzheimer Krankheit, Morbus Parkinson) und Osteoporose. Selbst Diabetiker profitieren von Mandeln wegen ihres geringen Kohlenhydratgehaltes.

Walnüsse – machen fröhlich

Walnüsse sind ein hochwertiges Lebensmittel. »Sie lassen die Muskeln wachsen, stärken die Knochen und das Nervensystem. Nur Lungenleidende sollten Walnußöl nur mäßig essen, denn das Walnußöl ist warm und macht den Fleischansatz der Menschen fett und einen fröhlichen Geist. Aber die Verschleimung nimmt zu, so daß die Brust verschleimt. Dennoch können Kranke und Gesunde damit fertig werden. Nur die brustschwachen Menschen macht es dämpfig in der Brust.« Auch Walnüsse enthalten viel Eiweiß (15 g/100 g), Eisen (4,8 g/100 g) und Kalzium (100 mg/100 g). Wegen des hohen Eisengehaltes sind Mandeln und Walnüsse bei der Blutbildung sehr hilfreich.

Gemüse

Bohnen – erwärmen und lindern

»Bohnen erwärmen und sind eine gute Speise für Gesunde und Kranke. Auch Kranke können Bohnen besser essen und vertragen als Erbsen, weil sie nicht so viel Schleim erzeugen wie Erbsen. Ganz besonders gut verdaulich ist Bohnenmehl, gut und nützlich für Kranke und Gesunde. Wenn jemand an den Eingeweiden erkrankt ist, soll er die Bohnen in Wasser kräftig abkochen, etwas Butter oder Sonnenblumenöl dazugeben und warm essen, nachdem er die Bohnen vorher abgetrennt hat. Das soll er oft machen, und er wird geheilt.«

Wir verwenden in der Hildegard-Küche alle Bohnen, sowohl grüne Stangen- oder Buschbohnen, als auch weiße, schwarze, rote oder trockene Bohnen. Streng genommen gehört auch die Sojabohne zu den Bohnen, aber achten sie beim Einkauf auf den biologischen Anbau. Bohnen enthalten kein Cholesterin, dafür lösliche Pflanzenfasern, die den Cholesterinspiegel senken können.

Bohnen sind eine preiswerte und wohlschmeckende Eiweißquelle. In der vorzüglichen Kombination mit Dinkel erreicht eine Bohnen-Dinkel-Mahlzeit die gleiche biologische Wertigkeit wie ein Fleischgericht, da es alle essentiellen Aminosäuren enthält, die der Mensch zum Leben braucht. Bohnen machen nicht dick, da die in ihnen enthaltenen komplexen Kohlenhydrate gleich in Energie abgebaut werden und langanhaltend sättigen. Diabetiker können Bohnen gut vertragen, da die komplexen Kohlenhydrate nur langsam ins Blut gelangen und es dadurch weder zu einer Über- noch zu einer Unterzuckerung kommt. Hildegard lobt die leichte Verdaulichkeit der Bohnen selbst bei Entzündungszuständen der Eingeweide wie Gastritis (Magenschleimhautentzündung) oder Colitis (Entzündung des Dickdarms). Die Bohnensuppe ohne Bohnen (siehe 1. Absatz) hilft sogar bei blutenden Hämorrhoiden.

Erbsen – machen temperamentvoll

Erbsen sind nichts für Kranke, da sie Krankheiten noch verstärken können, besonders bei schwächlichen Patienten mit Neigung zu Erkältung führen sie zur Verschleimung der Lunge.
»Erbsen sind kalt und führen zur Verschleimung. Die Lunge wird davon kurzatmig. Für Gesunde mit guter Durchblutung sind sie gut und machen ihn draufgängerisch (im Text steht »ferox« = wild). Für Kranke und schlecht durchblutete Menschen sind sie nicht gut, weil sie verschleimen. Bei allen Krankheiten schaden Erbsen. Sie haben keine Kraft, um Krankmachendes auszutreiben. Nur Menschen, die schwache Eingeweide (Hämorrhoiden, Bruchleiden, Krampfadern) haben, wird es besser gehen, wenn sie oft eine warme Erbsensuppe schlürfen.«

Fenchel – macht fröhlich

Fenchel in jeder Form – ob Tee, Gewürz, Fenchelgemüse (auch roh in Salat) oder Fencheltabletten – ist eines der wenigen 100%igen Heilmittel bei Hildegard. Fenchel ist ein Karminativum, d. h. er reinigt Magen und Darm und räumt mit Fäulnisstoffen auf; er reinigt das Blut von Darmgasen und bringt sogar Mundgeruch zum Verschwinden.
»Und wie auch immer gegessen, roh oder gekocht, macht er den Menschen fröhlich und vermittelt eine angenehme Durchblutung, guten Körpergeruch und gute Verdauung ... Wer Fenchel (Pulver oder Tabletten) täglich nüchtern ißt, dem vermindert er den üblen Schleim und die Fäulnisse in ihm, und er unterdrückt den üblen Mundgeruch.«
Fenchel ist das beste Mittel gegen zuviel Magensäure, die Hildegard als »Schwarzgalle« (Gallensäure) für alle Krankheiten verantwortlich macht. Fenchel ist krampflösend bei Koliken und Blähungen und hilft bei Diätfehlern nach zu fetten Speisen: »Wer geröstetes, gebratenes Fleisch oder sonst etwas Gebratenes ißt und davon Schmerzen bekommt, der esse sofort Fenchel, und er wird weniger leiden.«

Kürbissuppe (Rezept Seite 65)

Kichererbsen – wärmen und heilen Fieber

Kichererbsen sind eine orientalische Delikatesse und werden in Israel und im Vorderen Orient angebaut, wo sie zu dem berühmten Felafel oder Hummus zubereitet werden. Sie sind eine Wohltat für Kranke und Gesunde. Man kann Kichererbsen in der Pfanne auf dem Herd oder über offenen Holzkohlenfeuer rösten. Kichererbsen gehören zur Bohnenfamilie und enthalten wertvolles Eiweiß (bis zu 20 g in 100 g trockenen Erbsen). In Indien werden sie als Kraftspeise von Sportlern, besonders vor den Ringkämpfen geschätzt. Sie enthalten Vitamin B_{15}, die Pangamsäure, der man eine Energie- und Vitalitätssteigerung nachsagt. Die löslichen Faserstoffe der Kichererbsen haben eine blutfettsenkende Wirkung.
»Die Kichererbse ist warm und angenehm und leicht zu essen und sie vermehrt nicht die schlechten Säfte. Wer Fieber hat, röste die Kichererbsen über frischen Holzkohlen und esse sie, und er wird geheilt.«

Knoblauch – das Antipilzmittel in der Hildegard-Medizin

War schon im alten Ägypten der Knoblauch ein hochgeschätztes Gemüse und ein Schutz vor allen möglichen Infektionskrankheiten, so wissen wir heute, daß der rohe Knoblauch antibakterielle Wirkung und starke cholesterinsenkende Eigenschaften besitzt. Außerdem stellt er eines der besten Mittel gegen Darmpilze dar. Tagesmenge: 1–2 Zehen Knoblauch. Hildegard erwähnt auch die durchblutungsfördernden Eigenschaften des Knoblauchs: »Knoblauch hat die rechte Wärme, wächst und grünt aus der Kraft des Morgentaues, d. h. vom ersten Nachtschlaf bis zum Morgengrauen. Für Gesunde und Kranke ist er besser als Porree. Man muß ihn roh essen, weil er gekocht wie verdorbener Wein wird. Sein Saft ist wohl richtig zusammengesetzt und fördert die Durchblutung. Den Augen schadet er nicht, auch wenn er sie reizt, nachher werden die Augen wieder klar. Dann soll man den Knoblauch maßvoll essen, damit er das Blut nicht zu stark erhitzt. Alter Knoblauch verliert seine gesunde und richtige Wirkung, er kommt aber wieder zu Kräften, wenn er von anderen Speisen ins rechte Maß gebracht wird.«

Kohl und Kraut – von Hildegard nicht besonders empfohlen

Kraut und Kohl (Weißkohl, Rotkohl, Blumenkohl) stehen bei Hildegard nicht hoch im Kurs, da »ihr Saft zu nichts nützt. Aus ihnen entstehen Schwächezustände, weil sie schwaches Eingeweide verletzen. Nur Gesunde, die nicht sehr dick sind, können durch ihre Kräfte Kohl und Kraut verdauen. Für fette Menschen ist Kohl schädlich, weil er das Fleisch noch mehr aufschwemmt. Für Kranke ist er genauso schädlich. Als Gemüse oder mit Fleisch gekocht vermehrt Kohl die schlechten Säfte mehr als daß er sie mindert«.

Kürbis – eine Wohltat für Kranke und Gesunde

Kürbisse gehören zur Lieblingsspeise der Amerikaner und sind als Pumpkin pie eine Krönung des Thanksgiving Dinners. Zu den Kürbissen gehören auch die Sommer- und Winter-Squashes sowie Zucchini. Aus Kürbiskernen wird das wertvolle schwarze Kürbiskernöl der Steiermark gewonnen, das man für Salate verwenden kann. »Kürbisse sind trocken und kalt und haben ihr Wachstum aus der Luft. Zum Essen sind sie sowohl für Kranke als auch Gesunde gut.«

Meerrettich – soll man nur im Frühjahr essen

Meerrettich ist aus der österreichischen Küche als Kren nicht wegzudenken. Besonders beliebt ist der Semmelkren, die klassische Beilage zu Rindfleisch. Alte, magere Menschen sollten nur wenig Meerrettich essen, da sie sonst noch mehr austrocknen. »Wenn im März alle Pflanzen grünen, wird auch der Meerrettich weich, aber nur für kurze Zeit, und ist dann gut für Gesunde und Kräftige zu essen, weil er in ihnen die Lebenskraft durch gute Säfte kräftigt. Wenn er aber hart wird und seine Schale fest wird, ist er gefährlich, weil er dann keine Heilkraft mehr hat und den Menschen dürr macht, als ob er Holz essen würde. Dann soll man ihn nicht mehr essen, sondern nur noch den Saft aussaugen, und das andere ausspucken. Ein magerer und dürrer Mensch esse nur wenig, bis er etwas zu Kräften gekommen ist, denn wenn er zuviel davon äße, würde er leiden.«

Die **Mohrrübe** – ein Vitaminstoß

Die Mohrrübe, Möhre oder Karotte gehört zu den ältesten und beliebtesten Gemüsearten und wurde schon von den Pfahlbauern am Bodensee angebaut. Die Möhre hat sich aus dem wilden Moorkraut entwickelt. Da sie nicht schadet und satt macht, kann man sie in der Hildegard-Küche als Auffrischung und Vitaminstoß verwenden.

»Die Möhre ist kalt und eine Wiederauffrischung für den Menschen. Sie nützt ihm weder viel zur Gesundheit noch schadet sie ihm. Sie füllt aber beim Essen den Magen.«

Zu den Rüben gehören auch die **Teltower Rübchen,** die sich wegen ihres pikanten Geschmacks großer Beliebtheit erfreuen. Ihre Heilwirkung ist mit der der Mohrrübe vergleichbar. Auch die **weiße Rübe** oder **Kohlrübe** ist mit den Möhren verwandt und wird wie diese zubereitet.

Pastinaken – eine Erfrischung für den Menschen

Pastinaken sind ein uraltes Gemüse mit bis zu 30 cm langen weißen Wurzeln und einem süßlichen, sellerieähnlichen Geschmack. Sie sind wie Möhren gut für Gesunde und Kranke.

»Pastinaken sind kalt und eine Erfrischung für die Menschen. Sie nützen nicht viel, schaden aber auch wenig. Gegessen füllen sie den Magen.«

Pastinaken werden gegen Ende des Jahres geerntet und sind ein geeignetes kalorienarmes, mineralstoffhaltiges Wintergemüse.

Rettich – nur für kräftige Menschen

Der Name Rettich leitet sich vom Lateinischen Radix = Wurzel her. Die Wurzel soll man nach der Ernte nochmals 2–3 Tage vor dem Essen in feuchter Erde vergraben, damit sie bekömmlicher wird. Danach kann man sie auch roh essen, am besten mit etwas Fenchel- oder Galgantpulver, damit er nicht zuviel Blähungen bereitet. Gegessen reinigt Rettich das Gehirn und die schädlichen Verdauungssäfte.
»Ein kräftiger, dicker Mensch wird vom Rettich ausgeheilt und inwendig gesäubert, einem kranken und ausgetrockneten Menschen schadet er.«

Rote Bete – bei allen Hautleiden

Rote Bete (rote Rüben, Randen) sind gekocht besser als roh und liefern keine schlechten Säfte. Gekocht soll man sie oft essen, wenn der Körpersaft zur Geschwürbildung (Ekzeme, Akne, Neurodermitis) führt. Das Geschwürige wird dadurch beseitigt.
»Wenn sich aber irgendwann einmal der Körpersaft zu Geschwüren in der Haut erhebt, dann soll der Kranke Rüben essen, und das Geschwürbildende wird vernichtet.«
Gesunde und Kranke essen gekochte Bete am besten als Gemüse, schmackhaft angemacht mit Dinkelmehlsauce und Quendelgewürz. Rote Bete sind wegen ihres hohen Eisengehalts eine gute Quelle für blutarme Patienten.

Salat – ist immer dabei

Der Name Salat kommt vom italienischen »insalare« = einsalzen. Heute gibt es eine Vielzahl von Salaten aus der Lactuca-Familie. Dazu zählen auch Batavia-Salat, der rote Eissalat, der Krautsalat, Novita und die bunten Blattsalate Lollo rosso und Eichblattsalat. Hildegard empfiehlt weder Endiviensalat, Radicchio noch Zuckerhut, schon gar nicht Chicorée, die alle zur Familie der Wegwarte (Zichorie) gehören und »diese Pflanzen ihren Essern den Haß an-

derer Menschen zuziehen.« Chinakohl ist eine salatähnliche Kohlart *(Brassica pekinesis)* und kann nur von sehr gesunden, mageren Menschen vertragen werden.
Feldsalat, Rapunzel oder Nüsslisalat ist ein Baldriangewächs und wird von Hildegard sogar als Heilmittel gegen Gicht und Brustfellentzündung empfohlen.
»Der Gartensalat hat ein frostiges Prinzip. Unzubereitet gegessen macht sein zu nichts tauglicher Saft das menschliche Gehirn leer und erfüllt Magen und Darm mit Krankheitsmaterialien. Wer Salat essen will, soll die Blätter erst mit Dill oder Essig oder Knoblauch abschmecken, so daß der Salat noch kurz vor dem Gegessenwerden Zeit hat, sich mit diesen Gewürzen zu durchtränken. Ißt man ihn so zubereitet, dann stärkt er das Gehirn und macht eine gute Verdauung.«

Sellerie – vermehrt die guten Säfte

Nach Hildegard kann man die ganze Pflanze, sowohl die **Knolle,** als auch **Stangen-** oder **Bleichsellerie** verwenden.
»Sellerie hat mehr eine grüne Natur als eine trockene. Roh taugt er nicht zum Essen, weil er schlechte Säfte bereitet. Gekocht schadet Sellerie nicht, sondern macht viel gute Säfte. Wie auch immer gegessen, führt er die Menschen, die wankelmütig sind, zur Unbeständigkeit, weil sein Grün ihnen manchmal schadet und manchmal traurig macht.«

Spinat – fördert die Verdauung

Spinat wurde aus Melde gezüchtet, von der bei Hildegard steht, daß sie eine gute Verdauung bereitet, weshalb sie im Volksmund auch als »Scheißmelde« bekannt ist. **Mangold** gehört als Schnittmangold zur veredelten Gattung der Runkelrübe. Das Blattwerk wird wie Spinat bereitet und hat einen herben Geschmack.

Zwiebeln – das Testreagenz für Magen-Darm-Kranke

Zwiebeln, die Grundlage des guten Geschmacks in der Küche, werden nur gekocht oder gedünstet angeboten, weil sie roh schädlich sind. Aber auch Zwiebelsuppe wird von Magen- und Darmkranken nicht vertragen. Wie bei der Gastroskopie kann man mit Zwiebelsuppe Gastritis, Magen- oder Darmgeschwüre entdecken. Ihr Name stammt vom Lateinischen »Cepa«, daraus wurde »Cepula« und »Zwiebel«; auch die Schalotte ist eine Zwiebel. Kreuzritter sollen sie aus Askalon – daher der Name Allium Ascalonicum – mitgebracht haben. Roh gegessen ist die Schalotte kalt und giftig für Gesunde und Kranke. Wer sie jedoch essen will, lege sie vorher in Wein und beize sie darin. So können sie Kranke und Gesunde vertragen.

»Zwiebeln haben nicht die richtige Wärme, sondern sind feucht und wachsen vom Tau bei Tagesbeginn. Roh gegessen sind Zwiebeln so schädlich und giftig wie der Saft von Unkräutern. Gekocht sind sie gesund, weil sie durch die Feuchtigkeit, die in ihnen vorhanden ist, Schadstoffe mindern. Für solche, die an Schüttelfrost und an Fieber leiden, ist die gekochte Zwiebel besonders gut. Magenkranke bekommen sowohl von rohen als auch von gekochten Zwiebeln Magenschmerzen, weil sie zu feucht ist.«

Getreide

Was ist Dinkel?

Dinkel *(Triticum spelta)* ist kein Weizen *(Triticum sativa)*, sondern ein Urkorn, das zu den ältesten Getreidearten der Menschheit gehört. Dabei ist Dinkel (Dreikorn) der wertvollste Vertreter der Speltfamilie, mit einem Chromosomensatz von n = 3 x 14 gleich 42 Chromosomen im Vergleich zum **Emmer** (Zweikorn) mit n = 2 x 14, also 28 Chromosomen und dem sogenannten **Kelten-Spelt** (Einkorn) n = 14 Chromosomen.

Dinkel war das Hauptgetreide der Alemannen und wurde im gesamten süddeutschen Raum, aber auch in der Schweiz und in Österreich angebaut. Die Pilgerväter nahmen ihn überall hin als ihre wertvollste Frucht mit auf ihre Reisen, so daß Dinkel heute fast auf der ganzen Welt Verbreitung gefunden hat. Noch vor hundert Jahren war Dinkel das Hauptlebensmittel der Schwaben, dem diese ihre Gesundheit, ihre sprichwörtliche Schaffenskraft (»schaffe, schaffe, Häusle baue«) und ihren Humor verdanken. Wegen des geringen Ertrags fiel der Dinkel in unserem Jahrhundert dem Produktionsfimmel zum Opfer und wurde vom Weizen verdrängt. Erst durch die Wiederentdeckung der Hildegard-Heilkunde durch Herrn Dr. Gottfried Hertzka und die wunderbaren Heilungserfolge mit Dinkel hat sein Anbau wieder zugenommen. Im Vergleich zum Weizen ist Dinkel züchterisch wenig bearbeitet worden, wodurch die ursprüngliche Kraft seiner alten Stammsorten bis in unsere Zeit erhalten blieb.

Emmer wird heute noch in großen Mengen in der Basilicata in Süditalien angebaut und zu wertvollen Teigwaren und dem sogenannten Durum-Brot verarbeitet.

Einkorn wird nur noch in kleinen Mengen in der Bretagne in Nordfrankreich angebaut.

Allen Spelt-Getreidearten ist die enorme Widerstandskraft gegen extreme Wetterbedingungen (Hitze, Kälte, Trockenheit, Nässe), ihre Anspruchslosigkeit an den Boden und die Fähigkeit gemeinsam, ohne Chemie angebaut werden zu können. Das Korn ist mit einer Hülse (Spelz) verkleidet, die den Dinkel vor saurem Regen und radioaktivem Fallout schützt. Daher ist Dinkel auch das reinste Lebensmittel und enthält keine Insektizide, Pestizide oder krebserzeugende Halmverkürzer. In Gegenden fernab von Autobahnen und Flughäfen kann man Dinkel ohne Schwermetalle (Quecksilber, Blei und Cadmium) ernten. Dieser reine Dinkel trägt das Gütezeichen *Dinkel nach Dr. Hertzka.*

Im Vergleich zu allen anderen Lebensmitteln verursacht Dinkel keine Allergie. Vermutlich hat das Dinkel-Gluten (Kleber) eine andere Eiweißsequenz als die des allergieerregenden Weizens.

Aus Dinkel kann man alles herstellen, was man zum Backen und Kochen braucht:
Dinkelkörner - immer in der doppelten Menge Wasser wie Reis kochen.
Dinkelkernotto - geschälter Dinkel. Braucht eine kürzere Kochzeit, schmeckt nußartig.
Dinkelhabermus - geknackte Dinkelkörner ohne mehlige Anteile. Hauptbestandteil des berühmten Habermuses, dem Frühstück der Hildegard-Freunde.
Dinkelschrot - voll ausgemahlene Dinkelkörner mit mehligen Anteilen.
Dinkelvollkornmehl - voll ausgemahlenes Mehl mit allen Faseranteilen und dem Keim.
Dinkelmehl - Type 1050, 603 und 405 zum Backen und Kochen; je kleiner die Zahl, um so mehr Faserstoffe sind vom Dinkelkorn abgetrennt. Im Unterschied zum Weizen enthält auch das weiße Dinkelmehl (Type 405) noch Eiweiß und Mineralien.
Dinkelmikromehl - ultrafein ausgemahlenes Dinkelmehl, in der Zentrophanmühle gemahlen, mit allen Faserstoffen und dem Keimling. Ideal für die Säuglingsernährung im sogenannten Schoppen. Extrem kurze Kochzeit von nur 2 Minuten.
Dinkelkaffee - geröstete Dinkelkörner: 80 % braun (geben den Geschmack) und 20 % schwarz (geben die Farbe). Dieser ideale Frühstückskaffee trägt zu einer guten Verdauung bei.
Zubereitung: 2-3 EL Dinkelkörner mit $\frac{1}{4}$ l Wasser 5 Minuten aufkochen und abgießen. Die Körner aufheben und am nächsten Tag mit 1 EL frischem Kaffee erneut mit $\frac{1}{4}$ l Wasser etwa 3 Minuten kochen lassen, abgießen und Körner aufbewahren. Erneut mit 1 EL frischem Kaffee ein drittes Mal mit der gleichen Menge Wasser aufkochen. Meistens sind nun die Körner schon geplatzt und können nicht mehr verwendet werden. Man nimmt das nächste Mal wieder frische Körner.

Fisch – die leichte Kost

Fisch ist leicht verdaulich und eignet sich vorzüglich als Reduktionskost, da »mit dem Fisch die Pfunde davonschwimmen.« Sie enthalten hochwertiges Eiweiß und die wertvollen poly-ungesättigten Fettsäuren (Omega-3-Fischöl), womit nicht nur der Fettstoffspiegel im Blut gesenkt werden kann, sondern auch das Blut bessere Fließeigenschaften bekommt. Die Qualität der Fische hängt vom Futter ab. Raubfische sind besonders wertvoll; Fische, die vom Schlamm und Schleim auf dem Grund der Seen fressen, bilden wabbliges Fleisch.

1. *Hildegard empfiehlt für Kranke und Gesunde Raubfische wie:* Barsch, Kretzer, Dorsch, Kabeljau, Renke, Hecht, Zander, Saibling, Esche, Hering (gebraten), Rotauge und Wels.
2. *Für Gesunde sind gut:* Stör, Bachforelle, Blaufelchen und Karpfen. Gemästete und gezüchtete Forellen und Lachse sollte man nicht kaufen.
3. *Weder für Kranke noch für Gesunde:* Brachse, Hering (roh) und Scholle.

Fleisch

Geflügel/Hühnerfleisch – das ideale Diätfleisch

Hahn und Hühnchen machen nicht dick. Hühnerfleisch ist ein ideales Diätfleisch, besonders wenn man die Haut entfernt, unter der das Fett sitzt.

»Hühnerfleisch ist gut für Gesunde, da es nicht fett macht. Die Kranken erfrischt es. Nur wer sehr schwer krank ist und solches Fleisch oft ißt, dem verschleimt es seinen Magen, und es macht ihn krank ... Wenn einer sehr krank ist, soll er es mit anderem Fleisch (Schaf oder Ziege) zusammen kochen, damit es von diesem Saft temperiert wird, da Hühnerfleisch trocken ist. Gebraten soll er es

meiden, weil er es kaum verdauen kann. Die Henne ist für Kranke besser als der Hahn, weil ihr Fleisch zarter ist. Wer aber gesund ist, kann beides essen. Die Geflügelleber taugt gegen alle inneren Krankheiten, die ihn schädigen und verletzen.«
Zum Geflügel zählt auch der Fasan, der ein Wildhuhn ist. Von der Pute schreibt Hildegard nichts; sie ist – ähnlich dem Hühnerfleisch – als Diät- und Schonkost gut zu essen.

Ente – aber nur Wildente

»Die Hausente wird nicht empfohlen, da sie sich von Unreinem ernährt. Besser ist dagegen die Wild- und Flugente, die für den Menschen heilsamer ist als die Hausente, weil sie sich öfter auch am Wasser aufhält.«

Gans/Wildgans – nur für Gesunde

»Gänsebraten ist für Gesunde irgendwie zu verkraften, für Kranke aber nicht geeignet, weil es im Menschen Schleim und Geschwüre bereitet. Schon besser ist die Wildgans, die für Kranke und Gesunde gut zu essen ist.«

Fasan – nur für gesunde Menschen

Fasane sind wilde Hühner und daher ist ihr Fleisch »nur für gesunde Menschen« zu empfehlen. »Hennen sind für Kranke besser als das Fleisch des Hahnes ... gebraten soll es der Kranke meiden.« Wegen seines charakteristischen Geschmackes ist das zarte Fansanenfleisch sehr beliebt. Fasane werden von Oktober bis Januar gejagt. Nur junge Fasane schmecken gut, die man an den grauen Füßen erkennt. Fasane so lange in den Federn hängen lassen, bis sich ein leichter Geruch bemerkbar macht. Dann erst rupfen und ausnehmen.

Straußenfleisch – das ideale, fettärmste Diätfleisch

Von allen Fleischarten hat der Strauß das wenigste Fett (0,2 %) im Vergleich zum Hammel (32 %), Schwein (25 %) und Rind (10 %). Bei der Krankendiät hilft es gegen Krämpfe und Epilepsie, denn: »Wenn ein Mensch die fallende Sucht hat, esse er oft Straußenfleisch, weil es ihm die Beherrschung über seine Körperkräfte und die Gesundheit wiederbringt. Denn durch die Wärme und Stärke des Straußenfleisches bringt es diese Krankheiten zur Ruhe.«

Lamm oder Hammel – gegen Venenleiden

»Das Schaf oder Lamm ist kalt, aber dennoch wärmer als Rind und weder bitter noch herb. Sein Fleisch ist für Gesunde und Kranke gut. Wer am ganzen Körper schwach ist und kaputte (Krampf-) Adern hat (Veneninsuffizienz), schlürfe auch die Schaffleischbrühe und esse ein wenig Schaffleisch, bis er gekräftigt ist. Das Fleisch ist im Sommer (von März bis September) gut zu essen, im Winter taugt es nichts, weil es kalt ist. Und der Mensch esse oft Schafsleber, weil es den Schleim mindert und den Magen von Unrat reinigt.«

Reh und Hirsch – das universale Diätfleisch

Wild wird von Hildegard als universales Diätfleisch empfohlen, speziell bei Magen- und Darmleiden. Das Fleisch schmeckt besonders aromatisch, weil sich die wildlebenden Tiere die besten Kräuter und Gewürze aussuchen können. »Das Reh ist sanft und hat eine reine Natur, und es steigt gerne auf die Berge. Und dort sucht es die Kräuter, die von der Luft wachsen. Und so frißt es gutes und gesundes Futter. Sein Fleisch ist daher für Kranke und Gesunde besonders gut. Ein Mensch, der von der Vicht (Präkanzerose) geplagt wird, esse oft Rehleber, und sie reinigt in ihm die Vicht, und wenn er oft Rehfleisch ißt, reinigt es ihm den Magen.«

»Der Hirsch hat starke Wärme in sich, er ist mehr warm, und er frißt reines Futter. Sein Fleisch ist für Kranke und Gesunde gut zu

essen. Wenn ein Mensch Hirschfleisch ißt, reinigt es seinen Magen und macht ihn leicht... Wer Hirschleber ißt, dem unterdrückt sie die Gicht und reinigt seinen Magen und macht ihn leicht.«
Hirsch- und Rehleber stärken die Abwehrkräfte, daher haben vermutlich Jäger und Förster, die den Aufbruch selber essen, weniger an Krebs zu leiden als andere Menschen.

Rind und Kalb – nur für Gesunde

»Das Rindfleisch taugt wegen seiner Kälte, die es in sich hat, nicht zum Essen für schwache (schlecht durchblutete) Menschen. Für den gut Durchbluteten aber, der von Natur aus warm ist, ist es wegen der Kälte, die im Fleisch ist, gut zu essen. Wer in seinen Gelenken und Gliedern stechende Schmerzen hat (Arthrose) oder auch im Magen-Darm Schmerzen, esse oft und reichlich abgekochte Rinderfüße (Kalbsfüße) mit ihrem Fett und Schwielen. Das räumt mit diesen Stichen und Schmerzen auf.«
Besonders Kalbsfußbrühe ist ein ausgezeichnetes Aufbaumittel für abgenutzte Gelenke, Knorpelschäden, Bandscheibenschaden und auch ein Aufbaumittel für Knochen bei Osteoporose. Wer regelmäßig Kalbsfußbrühe als Gemüse- oder Dinkelsuppe ißt, braucht sich vor den sogenannten altersbedingten Abnutzungserscheinungen von Knorpel und Knochen nicht zu fürchten.

Schweinefleisch –
nur bei alten und schwachen Patienten

»Wenn ein Mensch schwer krank ist, so daß sein Körper darniederliegt und mager wird, soll er, solange er krank ist, junges Schweinefleisch essen, aber nicht zuviel. Wenn er wieder gesund geworden ist, soll er nicht länger davon essen, weil es von da ab die Krankheit vermehren würde.«
Schweinefleisch hat in der Hildegard-Küche für Gesunde und Kranke nichts zu suchen. Auch Wurst, der bis zu 80 % Schweinefleisch untergemogelt ist, sollte nicht verwendet werden. Schweinefleisch enthält viele Hormone, so daß alle Krankheiten durch

den Genuß von Schweinefleisch verstärkt werden. Bei alten und schwachen Patienten können diese Hormone allerdings zur Auffrischung und zur Verstärkung der Lebenskraft beitragen, wobei besonders das Fleisch von Wildschweinen bevorzugt werden sollte, die – wie z. B. in Korsika – in Edelkastanien-Wäldern aufwachsen.

Ziegenfleisch – stärkt schwaches Bindegewebe

»Ziegenfleisch ist für Gesunde und Kranke gut, und wenn es oft gegessen wird, heilt es schwache und zerstörte Eingeweide. Den Magen macht es gesund und stark. Ziege ißt man bis August, junge Ziegen können bis in den Herbst geschlachtet werden. Im Herbst und Winter sollte man Ziegen nicht schlachten.«

Fette

Keine Angst vor Butter!

Butter – in Maßen gegessen – ist ein wichtiges Heilmittel, besonders bei alten und schwachen Menschen. Margarine ist wegen seiner Herstellung (Hydrierung über Nickelkatalysatoren) in der Hildegard-Küche nicht zu gebrauchen. Sparsam eingesetzt erhöht Butter auch nicht den Cholesterinspiegel des Blutes; dieser ist zum allergrößten Teil streßbedingt und sinkt nach unserer langjährigen Erfahrung zuverlässig und rasch durch den Aderlaß. Besonders magere und lungenschwache Menschen profitieren von der Butter:
»Ein Mensch mit Atemnot esse jegliche Art von Butter (Kuhbutter, Ziegenbutter), und sie heilt ihn innerlich und trägt zu seiner Erholung bei.«

Walnuß-, Mandel-, Kürbis- und Sonnenblumenöl sind am wertvollsten.

Pflanzenöle sind wichtige Lieferanten von essentiellen Fettsäuren, also Fettsäuren, die der menschliche Organismus zum Überleben

braucht. Diese Öle können nicht nur die Nervenleistung verbessern, sondern auch den Cholesterinspiegel im Blut senken. Das vielgepriesene **Olivenöl** taugt nach Hildegard nicht zum Essen, weil es »Übelkeit hervorruft und manche Speisen ungenießbar macht«. Auch das von der Industrie hochgelobte Rapsöl (Canolaöl), ist nach Hildegard schwer verdaulich und »liegt schwer im Magen«. Besser ist da schon das **Walnußöl,** besonders für die Dünnen, da es den Fettansatz fördert und fröhlich macht. Lungenschwache sollten es jedoch auch zu Salatsaucen nicht verwenden, da sie durch seinen Genuß verschleimen.
Uneingeschränkt kann man in der Hildegard-Küche das kostbare **Mandelöl** verwenden, da Mandeln nicht nur die Gehirn-, sondern auch die Leberfunktion verbessern:
»Wer ein leeres Gehirn hat und schlechte Gesichtsfarbe und daher viel Kopfweh, esse oft Mandeln, und sie füllen ihm das Gehirn und geben ihm die richtige Farbe.«
»Wer lungenkrank ist und einen Leberschaden hat, esse oft rohe oder gekochte Mandeln, denn sie bringen der Lunge Kräfte, weil sie den Menschen in keiner Weise beschweren, sondern ihn stark machen.«

Wir verwenden in der Hildegard-Küche hauptsächlich kaltgepreßtes **Sonnenblumenöl,** das von allen sehr gut vertragen wird.

Milchprodukte

Saure Sahne mit mindestens 15 % Fettgehalt wird von uns in den meisten Rezepten verwendet. Milchsäurebakterien verleihen ihr den leicht säuerlichen Geschmack und die dickflüssige Beschaffenheit. Sie eignet sich vorzüglich zur Verfeinerung von Suppen und Saucen, aber auch Fleisch, Fisch, Geflügel, Gemüse und Salat sowie Süßspeisen und Gebäck profitieren geschmacklich von ihr.

Hartkäse für die Dünnen, Frischkäse für die Dicken

Milch, Butter und Käse können von Gesunden und Kranken in Maßen gegessen werden, wobei die Dicken durch zuviel Butter und fetten Käse noch dicker werden könnten. Daher schreibt Hildegard:

»Menschen mit gesundem Muskelfleisch schadet harter und trockener Käse nicht viel, Menschen mit weichem, fettem Muskelfleisch sollen weichen Frischkäse essen. Lungenkranke und Menschen mit Erkältungsanfälligkeit sollten sich vor überbackenem Käse hüten, da sie von derartigen Speisen (Pizza, Käseauflauf, Käsespätzle, Fondue usw.) verschleimen.

Eier – Arzneimittel aus dem Hühnernest

»Ein Mensch, der gesunde Eingeweide hat, kann Hühnereier gut vertragen, doch soll er sie nur mäßig essen, weil er von ihnen leicht krank werden kann, weil sie die Eingeweide verschleimen und Fäulnis in Magen und Darm hervorrufen. Für einen gesunden Menschen sind weiche Eier gesünder als hartgekochte, die im Magen Beschwerden machen. Einem Kranken taugen weder weiche noch harte Eier zum Essen.

Wenn ein Kranker unbedingt Eier essen will, dann gießt er etwas Wein ins Kochwasser und schlage das Hühnerei ohne Schale ins kochende Wasser. Und wenn sie gekocht sind, dann esse er sie, weil dann das Gift und der Eiter, welcher in den Eiern ist, durch das Abkochen entfernt wurden.

Das gelbe Eidotter ist gesünder zu essen als das Eiklar, und das Eidotter mäßig hart gekocht ist gesünder zu essen als das weiche. Wenn ein Mensch das Ei roh ißt, dann schadet es ihm sehr, weil es in ihm Fäulnis hervorruft.«

Gekochte und besonders pochierte, sogenannte »verlorene« Eier können also ohne weiteres in der Hildegard-Küche verwendet werden. Tausendfach bewährt hat sich bei Durchfallkrankheiten das medizinisch präparierte, sogenannte Durchfall-Ei, dem man Kreuzkümmelpulver (Cumin) und etwas Pfeffer hinzumischt und zu einem Eidottergranulat röstet. Dieses sogenannte Durchfallei-Granulat (1 EL auf ein Dinkelbrot 1–3mal pro Tag) hat sich bei allen Durchfallkrankheiten als sehr nützlich erwiesen. Heute wissen wir, daß speziell im Hühnereigelb Abwehrstoffe (Antikörper) vorhanden sind, die dem menschlichen Immunoglobulin sehr ähnlich sind und dem Menschen Abwehrstoffe gegen gefährliche Bakterien, z. B. Salmonellen, liefern. Wenn man die Hühner in Legebatterien züchtet, wehren sie sich, indem sie Salmonellen in den Eiern bilden. Läßt man die Hühner frei herumlaufen, sind die Eier salmonellenfrei. Gleichzeitig aber liefern die Hühner liebenswerterweise in ihrem Eigelb Antikörper, die mit den Salmonellen aufräumen.

Getränke

Wein – macht fröhlich

Der liebe Gott scheint kein Antialkoholiker zu sein, sonst hätte sein Sohn bei der Hochzeit in Kanaan nicht Wasser in Wein verwandelt. Hildegard schreibt:
»Wein ist das Blut der Erde und hat eine Gemeinschaft mit dem Menschenblut ... Will ein Mensch kostbaren und starken Wein trinken, soll er ihn mit Wasser mischen, damit dessen Stärke und Wärme etwas geschwächt und ausgeglichen wird ... Jede Speise und jeder Trank sollen wohlabgestimmt und maßvoll genossen werden, damit der Mensch nicht geschwächt werde.«
Tausendfach bewährt hat sich als Getränk der »gelöschte Wein«, besonders zur Streßbeseitigung und zur Neutralisation von Tagesresten vor dem Schlafengehen.
»Wenn ein Mensch zu Zorn oder Traurigkeit gereizt wird, soll er sogleich Wein (1/4 Liter) am Feuer aufkochen (1 Minute) und mit kaltem Wasser (1 Likörglas) mischen, und er wird sich leichter fühlen. So wird der traurig und zornig machende Stoff (Schwarzgalle), der ihn zum Zornesausbruch gebracht hat, in Schranken gehalten.«

Bier – macht eine schöne Gesichtsfarbe

»Bier macht dick und gibt eine schöne Gesichtsfarbe durch die Kraft und die guten Säfte des Getreides.
In dieser Hinsicht ist der Gerstensaft nützlich für Kranke und Gesunde. Ganz besonders gesund ist das Dinkelbier, das nicht nur die Muskeln wachsen läßt, sondern besonders die Niere von ihren Schlackenstoffen befreit.«

Dinkelkaffee – ein idealer Abführtrank

Dinkelkaffee (80% braune und 20% schwarzgebrannte Dinkelkörner gemischt) regelmäßig zum Frühstück getrunken, ist ein guter Abführtrank. Der Körnerkaffee wird mit Wasser aufgekocht, die Körner abgesiebt und so lange wieder mit frischen Körnern vermischt und aufgekocht, bis die ersten Körner platzen. Der Dinkelkaffee soll schwarz sein und gut schmecken – wie eine Wiener Melange, so daß das Bohnenkaffeetrinken überflüssig wird.

Mineralwässer – verschleimen

Besonders bei Lungenleiden ist Mineralwasser nicht geeignet, da es zu Verschleimung und Lungenbelastung führen kann. Besser sind gekochte Getränke, z. B. Tees von Fenchel, Himbeer- und Brombeerblättern, Melisse, Hagebutte und Brennesseltee. Obstsäfte sollten entweder mit Tees gemischt oder mit Brot eingeweicht werden als »Meranda«. Birnensaft ist ungeeignet, da er zu Kopfschmerzen führen kann.

Apfel-Quark-Auflauf mit Brombeersauce (Rezept Seite 89)

Rezeptteil

Wo nicht anders angegeben, sind die Rezepte für 4 Personen berechnet.

Abkürzungen und Erklärungen:

EL	=	Eßlöffel
TL	=	Teelöffel
Msp	=	Messerspitze
g	=	Gramm
kg	=	Kilogramm
l	=	Liter
ml	=	Milliliter ($^1/_{1000}$ l) 1 g
dl	=	Deziliter ($^1/_{10}$ l)
1 Tasse	=	0,237 l, also annähernd $^1/_4$ l

Alle Zutaten wie z. B. Dinkelmehl, Dinkelkernotto, -grütze, -kaffee, Kastanien-(Maroni-)Mehl, getrocknete Edelkastanien oder Flohsamen etc. erhalten Sie im Reformhaus oder im Naturkostladen. Ebenso die Hildegard-Gewürze, die es aber auch in spezialisierten Apotheken zu kaufen gibt.

Frühstück
aber richtig: immer warm

Dinkel-Habermus

4 Tassen Dinkelschrot oder Dinkelgrütze oder Dinkelkernotto oder Dinkelflocken oder eine Mischung aus allem
8–10 Tassen Wasser · 2–3 Äpfel, geschnitten
je 2 Msp Galgant, Bertram, viel Zimt
2 TL Honig · 2 EL Mandeln, gehackt · 2 TL Flohsamen

Dinkel unter ständigem Rühren in 10–20 Minuten weich kochen. Apfelschnitze mit Gewürzen dazugeben, bei schwacher Hitze weiterköcheln, bis die Äpfel weich sind. Mit gehackten Mandeln und Flohsamen bestreuen und heiß servieren.
Für Diabetiker anstelle von Dinkelprodukten Dinkelkörner verwenden und den Honig durch Fruchtzucker ersetzen.

Pochiertes Gesundheitsei

1 Tasse Wasser · 1 Tasse Wein · 1 Ei · etwas Salz

Wasser und Wein zum Kochen bringen. Vorsichtig das aufgeschlagene Ei in die nicht mehr kochende Flüssigkeit gleiten und 4 Minuten garziehen lassen. Mit einem Schaumlöffel herausheben.
Zum Frühstück mit Dinkelbrot, sonst auf Dinkel-Kopfsalat (siehe Seite 159) servieren.

Dinkel-Ritter

Für 1 – 2 Personen:
Weißes Dinkelbrot, in Scheiben geschnitten
$^1/_2$ Tasse Milch · 1 Ei

ZUM BRATEN:
Öl oder Butter

ZUM SERVIEREN:
Zimt · unbehandelte, abgeriebene Zitronenschale oder Quittenmarmelade

Das Ei in der Milch verquirlen und durchschlagen. Dinkelbrotscheiben in die Mischung legen und wenden. In einer gefetteten Pfanne von beiden Seiten goldbraun backen. Mit Zimt, Zitrone oder Quittenmarmelade servieren.

Dinkel-Buttermilch-Waffeln

300 g Dinkelvollkornmehl · 2 TL Zimt · 1 TL Nelken
1 TL Backpulver · $^1/_2$ l Buttermilch · 100 g Honig
50 g Butter · 3 Eier, getrennt

Dinkelmehl mit Zimt, Nelken und Backpulver vermischen. Nach und nach die Buttermilch darunterrühren. Getrennt davon Honig, Butter und Eidotter glattrühren und unter kräftigem Rühren in die Mehlmischung einarbeiten. Zum Schluß den Eischnee unterziehen und mit einer Prise Salz abschmecken. Den Teig in einem gefetteten Waffeleisen bei mittlerer Hitze goldbraun backen.
Mit Quittenmarmelade, Apfelmus oder beliebigem Kompott servieren.

Suppen
öffnen den Magen

Kalbsfußknochenbrühe

1–2 Kalbsfüße · Wasser
1–1½ l Salzwasser · 2–3 Karotten, gewaschen
¼ Sellerie · Maggikraut (Liebstöckel) · Ysop · Muskat
Galgant · frischer Schnittlauch

Die in Scheiben gehackten Kalbsfüße in kochendem Wasser kurz blanchieren (dient der Säuberung – die Brühe wird dadurch klarer).
Danach in Salzwasser legen und aufkochen. Die in Stücke geschnittenen Karotten und den Sellerie zugeben, ca. 1½ bis 2 Stunden köcheln lassen. Reichlich Maggikraut und Ysop mitgaren.
Die Brühe absieben, mit Muskat und Galgant abschmecken.
Mit Leber- oder Grießklößchen und beliebigen Nudeln (Riebele etc.) servieren.
Die Suppe mit Schnittlauchröllchen bestreut servieren.

Dinkelschrotsuppe mit Gemüsestreifen

30 g Butter · ½ Zwiebel · 60–80 g Dinkelschrot
250 g Gemüse · 1¼–1½ l Flüssigkeit · Salz
jeweils 1 Msp Muskat, Bertram, Galgant, Quendel
frischer Schnittlauch

Die Butter erhitzen, feingewürfelte Zwiebel darin dünsten, den Dinkelschrot zufügen, das feingeraspelte Gemüse ebenfalls mitdünsten und mit Wasser oder Brühe ablöschen, abschmecken und ca. 10 Minuten leicht kochen lassen.
Mit Schnittlauchröllchen anrichten.

Passierte Kräutersuppe mit Dinkel

80 g Dinkelkörner · 2 l Wasser · 500 g Rindfleisch
2 Knoblauchzehen · 1 Zwiebel · 2 EL Weinessig
Galgant, Bertram, Muskat, Ysop u. a.
100 g frische gehackte Kräuter nach Wahl
Crème fraîche oder Sahne

Die Körner in Wasser aufkochen und quellen lassen. Das Fleisch in Stücke schneiden, zusammen mit der geschälten, feingeschnittenen Zwiebel sowie Essig und den Gewürzen zu dem kalten Ansatz geben, ca. 1 ½ Stunden garen.
Die Rindfleischstücke herausnehmen und anderweitig verwenden; die Dinkelbrühe im Mixer pürieren und durch ein Sieb streichen, einen Teil der passierten Brühe wieder in den Mixer geben und die gehackten Kräuter zufügen; einen kleinen Teil der Kräuter zum Garnieren aufheben, nochmals kurz aufkochen, abschmecken und nach Belieben entweder Crème fraîche oder Sahne mit dem Schneebesen einziehen. Den geschälten Knoblauch direkt in die Suppe pressen; mit den Kräutern garniert servieren.

Dinkelflädlesuppe

1 ½ l Hühnerbrühe
4 Dinkelpfannkuchen (siehe Seite 75)
Petersilie, Beifuß, Schnittlauch

Dinkelpfannkuchen in feine Streifen schneiden, mit den gehackten Kräutern in eine Suppenschüssel geben und mit der kochendheißen Hühnerbrühe übergießen.

Dinkelcremesuppe

70 g Butter · 5 EL Dinkelmehl · 1 l Wasser oder Brühe
Salz, Muskat, Basilikum, Petersilie

Die Butter erhitzen, darin das Mehl leicht anbräunen und unter ständigem Rühren Wasser oder Brühe zugießen. Mit Salz, Muskat und Basilikum abschmecken, 5 Minuten weiterkochen, mit gehackter Petersilie bestreut servieren.

Dinkelgrießsuppe

40 g Butter · 1 Zwiebel · 5 EL Dinkelgrieß
1 l Wasser oder Brühe
Salz, Muskat, Bertram, Galgant, Petersilie und andere Kräuter nach Wunsch

Die Butter erhitzen. Die Zwiebel schälen und feingehackt darin dünsten. Den Grieß mitdünsten, mit Wasser oder Brühe ablöschen, 5 Minuten leicht kochen lassen, mit Salz, Muskat, Bertram und Galgant würzen. Mit frischgehackter Petersilie oder anderen beliebigen Kräutern bestreut servieren.

Geröstete Dinkelgrießsuppe

30 g Butter · 60–80 g Dinkelgrieß · ½ Zwiebel
Wurzelwerk (Karotten, Sellerie) · 1¼–1½ l Flüssigkeit
frische Petersilie oder Schnittlauch

Die Butter erhitzen, den Grieß darin lichtgelb dünsten. Die Zwiebel schälen, fein schneiden und mitdünsten, ebenso das feingeschnittene Wurzelwerk. Mit Wasser oder Gemüsebrühe ablöschen und bei mäßiger Hitze ca. 10 Minuten gar kochen.
Mit Petersilie oder Schnittlauch garnieren.

Brennesselcremesuppe

1 EL Butter · 1 Zwiebel, gewürfelt · 4 EL Dinkelmehl
1 l Gemüsebrühe · 5 Handvoll frische Brennesselblätter
125 g Sahne · 1 EL Zitronensaft · 2 Eier
je 1–3 Msp Bertram, Griechenkleemischpulver
(Bockshornklee) und Salz

Zwiebeln in Butter andünsten, das Mehl dazugeben und unter ständigem Rühren hell anschwitzen. Mit Gemüsebrühe ablöschen, Brennesselblätter hinzufügen und 10 Minuten kochen. Im Mixer pürieren und durch ein Sieb passieren. Sahne und Eier verquirlen und 2 Tassen der Brennesselbrühe mit dem Schneebesen darunterrühren. Mit Zitronensaft und den Gewürzen abschmecken.

Brunnenkressecremesuppe

50 g Brunnenkresse · 1 l Hühnerbrühe · 1 EL Butter
2 EL Sahne · 4 EL Dinkelmehl · 1 Bund Suppengrün
etwas Salz und Griechenkleemischpulver

Dinkelmehl in Butter goldgelb andünsten, die geputzten Brunnenkresseblätter, das kleingehackte Suppengrün, die Sahne und die Hühnerbrühe hinzugeben und 10 Minuten kochen. Mit Salz und dem Gewürz abschmecken.

Maronicremesuppe

100 g getrocknete oder 300 g frische Edelkastanien
1 Zwiebel · 30 g Butter · 40 g Maronimehl
1 - 1 1/2 l Brühe (Maronisud, Hühnerbrühe, Kalbsfußbrühe)
Salz · etwas Rotwein · Sauerrahm oder süße Sahne
Griechenkleemischpulver (Bockshornklee)

Eingeweichte Trockenkastanien ca. 30 Minuten in Wasser gar kochen und pürieren. Zwiebel klein schneiden und in Butter glasig dünsten. Das Maronimehl zugeben und goldgelb rösten. Brühe nach und nach angießen, nach Wunsch durch ein Sieb treiben. Pürierte Kastanien zugeben und 5–10 Minuten kochen lassen. Abschmecken mit Salz, Wein, Sahne und reichlich Griechenkleemischpulver.

Variation: Kichererbsenpüree und eventuell etwas mehr Flüssigkeit zugeben.

Kastanien-Fenchelcreme-Suppe

200 g getrocknete Edelkastanien
200 ml Brühe (Maronisud, Hühnerbrühe, Kalbsfußbrühe,
siehe Seite 60)
1 große Fenchelknolle · 200 ml Schlagsahne · Salz
1 Knoblauchzehe · Pfeffer aus der Mühle
Muskat, Galgant, Bertram

Kastanien über Nacht einweichen. Brühe erhitzen, Kastanien und geputzten Fenchel zufügen und 15–20 Minuten leicht kochen lassen. Abgießen und Brühe auffangen. Kastanien und Fenchel, etwa 100 ml Brühe und 100 ml Sahne im Mixer oder mit einem Pürierstab pürieren. Soviel Brühe zufügen, bis eine sämige Konsistenz erreicht ist. Mit Salz, zerdrücktem Knoblauch und den Gewürzen abschmecken. Restliche Sahne steif schlagen und damit die Suppe garnieren.

Fenchelcremesuppe

3–4 Fenchelknollen (etwa 1 kg)
½ l Salzwasser (oder Hühnerbrühe) · 3 EL Butter
2 Zwiebeln · 3 Knoblauchzehen · ca. 1 EL Dinkelmehl
1 Spitzer Zitronensaft, saure Sahne oder Crème fraîche
Bertram, Galgant

Die Fenchelknollen waschen, putzen, halbieren und in kleine Scheiben schneiden (Fenchelgrün zum Garnieren aufheben). Wasser oder Brühe zum Kochen bringen, Fenchel darin 20 Minuten garen, abtropfen lassen und im Mixer pürieren, Fenchelwasser aufheben. Die Butter erhitzen, die gewürfelten Zwiebeln darin dünsten, mit dem Fenchelwasser ablöschen, das Fenchelpüree hinzufügen. Dinkelmehl mit kaltem Wasser verrühren, damit die Suppe binden, glattrühren und 5 Minuten kochen. Mit Zitronensaft, Sauerrahm oder Crème fraîche verfeinern und mit Bertram und Galgant abschmecken. Zerdrückten Knoblauch dazugeben.

Variation: Die Suppe mit Broccoli, Blumenkohl, Sellerie oder Karotten zubereiten.

Kürbissuppe

(Foto Seite 33)

1 große Zwiebel · 2 Knoblauchzehen · etwas Butter
800 g gelber Kürbis oder Zucchini · ½ l Gemüsebrühe
¼ l Weißwein · 125 ml saure Sahne
Salz, Muskat, Galgant, Petersilie, Dill, Bertram und Quendel

Zwiebel schälen, fein hacken und in Butter andünsten. Kürbis schälen, entkernen und in große Stücke schneiden; in der Brühe mit Wein weich kochen und pürieren. Saure Sahne, Gewürze, zerdrückten Knoblauch und Kräuter zugeben und abschmecken.

Variation: Suppe mit Kastanienpüree oder Kastanienstückchen verfeinern.

Gemüsesuppe mit Dinkelkörnern

1 Zwiebel, gewürfelt · 1 EL Butter · ½ Sellerieknolle
1 Fenchelknolle · 3 Möhren · 200 g grüne Bohnen
1 Zucchini · 2 l Hühnerbrühe
1 Tasse weichgekochter Dinkel · etwas Salz · Bertram
beliebige frische Küchenkräuter wie Quendel, Kerbel, Basilikum

Zwiebeln in Butter andünsten, kleingeschnittenes Gemüse dazugeben, kurz weiterdünsten, mit der Hühnerbrühe ablöschen, mit den Gewürzen abschmecken und kurz aufkochen. Zum Schluß die Dinkelkörner hineingeben und servieren.

Hühnerbrühe mit Dinkeleinlage und Ysop

1 Suppenhuhn von ca. 1 kg · 2 l Wasser · 1 Zwiebel
1 Mohrrübe · ½ Sellerieknolle · 1 Petersilienwurzel
1 Lorbeerblatt · Salz
1 Handvoll frischer Ysop, Kerbel, Poleiminze zum Abschmecken

Das zubereitete und gewaschene Huhn mit Herz und Magen im Salzwasser 2–3 Stunden kochen. Das geputzte Suppengemüse erst nach 2 Stunden hinzufügen und Kräuter mitkochen. Das Fett abschöpfen und zum Verfeinern von Suppen, Saucen und Dinkelgerichten aufbewahren. Die Brühe durch ein Sieb gießen und das Fleisch zu Frikassee, Pasteten, Sülzen oder Weinsaucen verwenden.
Die Hühnerbrühe mit gekochten Dinkelkörnern, Dinkelnudeln, Grießklößchen oder Eierstich (siehe Seite 67) servieren.

Eierstich

2 Eier · 6 EL Milch · 2 EL Wasser · Salz · Muskat
Butter zum Fetten

Der Eierstich sollte 45 Minuten vor Garzeitende der Suppe zubereitet werden. Die Eier mit Milch und Wasser verquirlen, mit Salz und Muskat würzen. Eine kleine feuerfeste Form oder eine Tasse mit Butter fetten, die Eiermasse einfüllen und in einen Topf mit kochendem Wasser stellen. Im vorgeheizten Ofen bei ca. 150 °C stocken lassen. Den gestürzten Eierstich in Würfelchen oder Rauten schneiden.

Hühnerleberknödelsuppe

100 g Hühnerleber · 20 g Butter · 1 Ei · Salz · Bertram
150 g Dinkelgrieß · 1 l Hühnerbrühe
frischer Kerbel oder Petersilie

Die Hühnerleber durch den Wolf drehen, die Butter schaumig rühren. Ei, Salz, Bertram und Grieß unter ständigem Rühren dazugeben, mit einem Eßlöffel Knödel formen und in die kochende Hühnerbrühe einlegen; leicht köcheln lassen. Nach 10 Minuten die Knödel schwemmen, d. h. eine Tasse kaltes Wasser langsam über die kochenden Knödel gießen.
Die Suppe mit gehackten Kräutern bestreut servieren.

Wiener Kalbslungensuppe/ Beuschelsuppe

1 Kalbslunge (ca. 750 g) · 1 l Salzwasser · 2 Karotten
½ Sellerieknolle · 40 g Butter · ½ Zwiebel
40–50 g Dinkelmehl
½ l Kalbsfußbrühe (siehe Seite 60)
1 Glas Rotwein · Zitronensaft · Bertram, Galgant, Pfeffer

Die Kalbslunge von Luftröhren säubern und in Salzwasser mit gewürfelten Karotten und Sellerie kalt aufgesetzt ca. 90 Minuten kochen, bis sie oben schwimmt, danach hacken oder durchdrehen. Die Butter erhitzen, darin die geschälte, gewürfelte Zwiebel dünsten, das Mehl zufügen, braun anrösten, mit Brühe und Rotwein auffüllen, den Lungenbrei zugeben, nochmals aufkochen und mit Zitronensaft, Galgant, Bertram und Pfeffer abschmecken.

Kichererbsensuppe

120 g Kichererbsen · 1 l Wasser · 1 Zwiebel
1 Knoblauchzehe · etwas Butter · 1 EL Mehl
Salz, Bertram, Galgant, Griechenkleemischpulver
(Bockshornklee)

Kichererbsen über Nacht einweichen, Wasser am nächsten Tag wegschütten. Neues Wasser erhitzen, Kichererbsen weich garen und pürieren. Die Kichererbsen sind in ca. 90 Minuten gar. Zwiebel schälen, fein schneiden und in Butter dünsten. Eine Mehlschwitze herstellen, zu dem Kichererbsenpüree geben und mit Wasser auffüllen. Alles zusammenkochen und mit Salz, Gewürzen und zerdrücktem Knoblauch abschmecken.

Variation: Zusätzliche Gemüsestreifen (Salbei, Fenchel, Karotten) mitdünsten.

Hühnchen mit Dinkel (Rezept Seite 92)

Borschtsch mit Mandelcreme

1 kg rote Bete · 1 EL Butter
1 Zwiebel, gewürfelt · 1 Karotte, gewürfelt
½ Sellerieknolle · 1 Knoblauchzehe
je ½ TL Galgant, Bertram, Nelkenpulver
¾ Tasse saure Sahne
1 EL Zitronensaft · 3 Tassen Hühnerbrühe
1 Tasse Mandeln

Gemüse säubern und klein schneiden bzw. raspeln. Zwiebeln in heißer Butter andünsten. Gemüse und Gewürze dazugeben, mit Hühnerbrühe aufgießen und 20 Minuten köcheln lassen. Alles mit dem Mixer pürieren, mit Zitronensaft abschmecken. Mandeln im Mixer zerkleinern, mit saurer Sahne mischen und den Borschtsch mit einem Tupfer Mandelcreme servieren. Mit zerdrücktem Knoblauch würzen.

Zwiebelsuppe

500 g Zwiebeln
50 g Butter oder 5 EL Öl
Salz, Pfeffer, Galgant, Bertram
1 l Kalbsfußknochenbrühe (siehe Seite 60) oder Wasser
¼ l Weißwein

ZUM GRATINIEREN:
4 kleine Scheiben Dinkelweißbrot
4–6 EL geriebener Käse (z. B. Emmentaler)

Zwiebeln schälen, in feine Ringe schneiden, in Butter oder Öl lichtgelb dünsten, salzen, etwas Pfeffer und Hildegardgewürze zuge-

ben, mit Brühe ablöschen und 30 Minuten leise köcheln lassen. Abschmecken und mit Wein verbessern.
Fertige Suppe in Suppentassen oder Terrine füllen, getoastete Brotscheiben dick mit Reibekäse bestreuen, auf die Suppe legen und in der heißen Röhre überbacken, bis der Käse schmilzt.

Hauptgerichte

der appetitliche Alltag

Dinkelgrütze mit Kräutern

1 Tasse Dinkelgrütze, -Habermus oder Dinkelschrot
3 Tassen Hühnerbrühe oder Wasser
1 Zwiebel, gewürfelt
1 Handvoll gehackte frische Kräuter wie Kerbel, Petersilie, Liebstöckel, Gundelrebe, Bachbunge, Salz, Griechenkleemischpulver
1 EL Butter

Die Zwiebelwürfel in Butter andünsten, die Dinkelgrütze zugeben und unter ständigem Rühren anrösten, mit Hühnerbrühe ablöschen, die Kräuter und Gewürze dazugeben und 15 Minuten köcheln lassen.

Variation: Die gleiche Dinkelgrütze kann man auch süß zubereiten und zum Abendessen servieren: dazu verwendet man dann einen Apfel, eine Handvoll Rosinen, 1 EL Zitronensaft und viel Zimt.

Dinkelkernotto mit Gemüse

1 EL Butter · 1 Zwiebel, gewürfelt
1 Tasse Dinkelkernotto, beliebiges kleingeschnittenes Gemüse wie Fenchel, Möhren, Sellerie, Champignons
3 Tassen Hühnerbrühe oder Kalbsbrühe
1 Tasse Wein · Bertram
Griechenkleemischpulver (Bockshornklee) · Salz
100 g Parmesan oder anderer geriebener Hartkäse

Die Zwiebelwürfel in Butter andünsten, Dinkelkernotto hinzugeben und unter ständigem Rühren anrösten. Hühnerbrühe und Wein zugießen, gewürfeltes Gemüse zufügen, mit Gewürzen abschmekken und 20 Minuten zugedeckt köcheln lassen.
Vor dem Servieren mit geriebenem Käse bestreuen.

Dinkelkernottogericht, indische Art

200 g Kernotto · 1 Knoblauchzehe
2 mittelgroße Zwiebeln · 3–4 Äpfel · 1/2 Tasse Rosinen
1/2 Tasse gehackte Mandeln · Salz · 1 Prise Zucker
Bertram · reichlich Galgant · 1/8 l saure Sahne
1/8 l süße Sahne

Die Körner in Salzwasser mit Galgant weich kochen. Die geschälte Knoblauchzehe zerdrücken, die gepellten Zwiebeln in Ringe schneiden. Zwiebeln und Knoblauch in Öl andünsten. Die Äpfel waschen, das Kernhaus entfernen, die Früchte in feine Scheiben schneiden und mitdünsten. Rosinen und gehackte Mandeln in die Apfel-Zwiebel-Masse rühren, das Kernotto daruntermischen. Mit Salz, Zucker, Bertram und Galgant abschmecken, gut durchziehen lassen und vor dem Servieren die Sahne untermengen. Eventuell nochmals nachwürzen.

Dinkelvollkornpfannkuchen

350 g Dinkelvollkornmehl (2 Tassen)
250 ml Wasser, evtl. Mineralwasser · 250 ml Milch
6 EL Sonnenblumenöl oder geschmolzene Butter · 2 Eier
1 Päckchen Weinsteinbackpulver · 1 TL Salz
3–4 TL brauner Zucker

Milch und Eier verquirlen, die übrigen Zutaten im Mixer mischen und anschließend zugeben. Den Teig 1 Stunde ruhen lassen. In einer gefetteten Pfanne dünne Pfannkuchen auf beiden Seiten goldbraun backen. Da der Teig Fett enthält, muß man die Pfanne nur beim ersten Mal einfetten. Die Pfannkuchen sind zum Frühstück, Mittagsmenü oder Abendessen universell einsetzbar und können vielfältig gefüllt bzw. bestreut werden, z. B. mit Zitronensaft und braunem Zucker, Zucker und Zimt, Quittenmarmelade, aber auch mit pikanten Füllungen aus Quark, Gemüse oder Pilzen, wobei man den Zucker im Teig wegläßt.

Beispiel:

Kerbel-Pfannkuchen

FÜR DIE FÜLLUNG:
1 Handvoll gehackter Kerbel · 1 Becher saure Sahne
etwas Salz und Pfeffer

Alle Zutaten mischen und die Pfannkuchen damit füllen.

Dinkelpfannkuchen mit Gemüsefüllung

250 g Dinkelmehl (Type 630 oder Vollkornmehl)
$\frac{1}{4}$ TL Salz · 3–4 Eigelb · knapp $\frac{1}{2}$ l Milch
3–4 Eiweiß · wenig Öl

FÜR DIE GEMÜSEFÜLLUNG:
je 200 g Fenchel, Karotten, Zucchini und Sellerie · Butter
1 Zwiebel · Petersilie · Selleriekraut · Fenchelkraut · Salz
Bertram · Galgant · Quendel · Muskat · Knoblauch
2 EL Vollkornmehl · 1 EL Sonnenblumenkerne
1–2 EL gekochte Dinkelkörner

Das Mehl mit Salz, Eigelb und Milch zu einem glatten Teig verarbeiten und $\frac{1}{2}$ Stunde stehenlassen. Das Eiweiß zu steifem Schnee schlagen und unter den Teig heben. In wenig Öl dünne Pfannkuchen ausbacken und mit Gemüse füllen.
Für die Füllung die Gemüse putzen und raspeln. Die Zwiebel

schälen, klein schneiden und in Butter andünsten. Das Gemüse mitdünsten, die Kräuter waschen, hacken und zugeben. Mit Salz, Bertram, Galgant, Quendel, Muskat und gepreßtem Knoblauch würzen. Das Mehl darüberstäuben, um den Gemüsesaft zu binden. Die Sonnenblumenkerne und den Dinkel untermengen, die Pfannkuchen damit bestreichen, dann aufrollen.

Dinkelbratlinge mit Gemüse

250 g Gemüse (z. B. Karotten, Fenchel, Zucchini, Kohlrabi)
1 kleine Zwiebel · Butter
1 1/4 Tassen gekochte Dinkelkörner · 2 kleine Eier
80 g Dinkelschrot · Petersilie · Bertram · Galgant · Salz
Pfeffer · 1 Knoblauchzehe · Muskat · Quendel

Das Gemüse waschen, putzen und grob raspeln. Die Zwiebel schälen, fein schneiden und in Butter andünsten. Die weichgekochten Dinkelkörner zugeben. Den Dinkelschrot in Wasser aufkochen, mit Petersilie, Bertram, Galgant, Salz, Pfeffer, Knoblauch, Muskat und Quendel würzen.
Alle Zutaten miteinander vermischen, mit den Gewürzen abschmecken, 1/2 Stunde quellen lassen, Knödel formen, plattdrükken, in heißem Fett ausbacken. Dazu paßt gut ein Joghurt-Kräuter-Dip (siehe Seite 153).

Dinkel-Gemüse-Auflauf

250 g Dinkelkernotto · ca. ½ l Wasser · 1 Zwiebel
1 Knoblauchzehe
800 g geputztes Gemüse nach Saison (Karotten, Sellerie, Fenchel, Bohnen, Zucchini)
frische Kräuter (Petersilie, Sellerie- und Fenchelkraut)

FÜR DIE HELLE SAUCE:

30 g Butter · 2 EL Mehl · ½ l Milch · Bertram · Galgant
Quendel · Muskat · Salz · 4 EL Sauerrahm · 1 Ei
Butter für die Form

Das Getreide in Salzwasser aufkochen und ausquellen lassen. Die geschälte, gehackte Zwiebel mit der gepreßten Knoblauchzehe andünsten. Das vorbereitete Gemüse grob schneiden oder raspeln und zusammen mit Zwiebel und Knoblauch bißfest garen.
Für die helle Sauce die Butter zergehen lassen, das Mehl einstreuen und unter Rühren hellgelb anschwitzen. Nach und nach die Milch zugießen und unter zeitweiligem Rühren etwas andicken lassen, die Gewürze einrühren. ⅔ dieser Sauce mit 2 EL Sauerrahm unter das Gemüse mischen, ⅓ der hellen Sauce mit dem Ei und weiteren 2 EL Sauerrahm vermischen.
Die Gemüsemasse in eine gebutterte Auflaufform füllen, die restliche Sauce darüberziehen und bei 200 °C ca. 20 Minuten backen.

Variation: 75 g geriebenen Käse und Kreuzkümmel unter die Gemüsemasse ziehen; weitere 75 g Reibekäse zum Schluß über die Sauce streuen, anschließend backen.

Dinkel-Maultaschen-Variationen

FÜR DEN NUDELTEIG:

500 g Dinkelmehl oder Dinkelvollkornmehl · 3 Eier
2 EL Sonnenblumenöl · 5 EL Wasser · 1 TL Salz
1 TL Bertram · 1 TL Galgant

ZUM KOCHEN:

2 $\frac{1}{2}$ l Salzwasser

Das Mehl auf ein Brett sieben. Die Eier verquirlen. Alle übrigen Zutaten unter die Eier mischen und mit dem Mehl zu einem elastischen Teig verarbeiten, bis sich beim Durchschneiden an der Schnittfläche keine Luftbläschen mehr zeigen.
Den Teig in ein bemehltes Tuch einschlagen und 15 Minuten ruhen lassen. Dann auf einer bemehlten Arbeitsfläche in zwei gleich große Platten dünn ausrollen. Die Füllung portionsweise in kleinen Häufchen (jeweils ca. 1 EL) in gleichmäßigen Abständen auf einer Hälfte des Teiges verteilen, die zweite Teighälfte darüberlegen und an den Rändern gut aneinanderdrücken. Mit einem Rädchen oder Messer in Quadrate von ca. 6 cm Seitenlänge schneiden.
Die Maultaschen 10–15 Minuten in Salzwasser leicht kochen, bis sie oben schwimmen.

FÜR DIE GEMÜSEFÜLLUNG:

2 Karotten · $\frac{1}{2}$ Sellerieknolle · $\frac{1}{2}$ Zwiebel
Sonnenblumenöl · 1 Ei · evtl. Dinkelmehl zum Binden

Die Karotten schälen und in feine Streifen hobeln. Die geschälte Sellerieknolle ebenfalls hobeln, die gepellte Zwiebel würfeln. In Öl andünsten, das Ei unterrühren und nach Belieben mit Mehl binden. Dazu etwas Dinkelmehl darüberstäuben und unter Rühren kurz mitdämpfen.

Für die Blattspinatfüllung:

250 g Blattspinat · 1 EL Butter · ½ Zwiebel
Galgant, Muskat, Bertram nach Geschmack

Den geputzten, gewaschenen Spinat naß in einem Topf dämpfen, bis er zusammenfällt; in einem Sieb abtropfen lassen. Die Butter erhitzen, die geschälte, gewürfelte Zwiebel darin weich dünsten, den Spinat zugeben und 5 Minuten schmoren. Mit den Gewürzen und Kräutern abschmecken.

Für die Geflügelragoutfüllung:

30 g Butter · 1 Zwiebel · 300 g Champignons
500 g Hühner- oder Putenfleisch · Salzwasser
etwas Hühnerbrühe · 1 EL Dinkelmehl · 1 Eigelb
Galgant, Pfeffer, Bertram nach Geschmack

Die Butter in einer Pfanne erhitzen, die geschälte, gewürfelte Zwiebel darin weich dünsten. Die geputzten, gewaschenen Pilze mitdünsten. Das Geflügelfleisch in Salzwasser gar kochen, danach fein schneiden, etwas Brühe angießen, mit 1 EL Mehl binden, mit dem Eigelb legieren und mit den Gewürzen und Kräutern abschmecken.

Für die Hühnerleberragoutfüllung:

1 Zwiebel · Butter · 400 g Hühnerleber
4 Sardellenfilets · 1 Eigelb
Majoran, Galgant, Quendel, Bertram nach Geschmack

Die Zwiebel schälen, würfeln und in Butter weich dünsten. Die Hühnerleber waschen, trockentupfen und kurz mitbraten. Zusammen mit den Sardellenfilets zweimal durch den Fleischwolf drehen oder fein hacken. Mit Eigelb binden, die Gewürze und Kräuter daruntermengen und abschmecken.

Maultaschensuppe

Maultaschen zerschneiden und in Kalbsfußbrühe (siehe Seite 60) servieren, mit Kräutern garnieren.

Maultaschen, geschmälzt

2 mittelgroße Zwiebeln · Sonnenblumenöl

Die geschälten Zwiebeln gewürfelt in Öl andünsten, über geschnittene Maultaschen geben, mit grünem Salat und gegarten Dinkelkörnern servieren.

Dinkel-Gemüse-Pizza

FÜR DEN TEIG:

300 g feine Dinkelflocken · 1/3 Würfel Hefe
1 Prise Zucker · 1 EL kaltgepreßtes Sonnenblumenöl
ca. 1/4 l warmes Wasser

FÜR DEN GEMÜSEBELAG:

750 g geputztes Gemüse nach Saison (Zucchini, Karotten, Fenchel, Sellerie, Bohnen, Kürbis) · 1 Zwiebel
1 Knoblauchzehe · Butter · Salz · Galgant · Bertram
Bachminze · Kreuzkümmel · Muskat · Dill, Petersilie

AUSSERDEM:

300 g geriebener Käse

Die Dinkelflocken mit Hefe und Zucker in etwas lauwarmem Wasser anrühren. Das Öl zufügen und alle Zutaten zu einem geschmeidigen Hefeteig kneten. Etwa 3/4 Stunden gehen lassen.

Für den Gemüsebelag sämtliche Gemüse grob raspeln. Zwiebel und Knoblauch schälen, hacken, in Butter andünsten, das Gemüse zufügen und ca. 10 Minuten mitdünsten. Mit den angegebenen Gewürzen und gehackten Kräutern abschmecken.
Den Teig rechteckig ausrollen und auf ein Backblech legen, die Gemüsemasse aufstreichen, mit dem Käse bestreuen und bei 200 °C ca. 45 Minuten backen.

Variationen:
1. 400 g Käse über die Gemüsemasse streuen.
2. 1 Becher Sauerrahm und 2–3 Eier mit dem Gemüsebelag vermengen.
3. 1 Becher Sauerrahm mit dem Gemüse vermengen, 100 g Schafskäse zerbröckeln und auf dem Gemüsebelag verteilen, 300 g geriebenen Käse darüberstreuen und backen.

Dinkel-Käse-Auflauf

Für 2–3 Personen:
60 g Butter · 1/4 l Sahne · 2 EL Dinkelmehl
200 g Reibekäse · 3–4 Eier · Salz · Pfeffer
Kreuzkümmel · Galgant · Bertram

Butter, Sahne und Mehl zusammen kochen und abkühlen lassen. Die Eier trennen. Den geriebenen Käse daruntermischen, mit den Eigelben, Salz und Pfeffer verrühren, mit Kreuzkümmel, Galgant und Bertram würzen und zuletzt den Eischnee unterziehen.
20–30 Minuten bei ca. 250 °C in einer gefetteten Auflaufform backen.

Grüne Dinkelnudeln und Käsepasta Pedro

500 g Dinkelnudeln, grün (siehe Seite 142)
100 ml Sonnenblumenöl
1 Knoblauchzehe · 2 Zwiebeln, gewürfelt
2 EL Balsamico-Essig · 250 g geriebener Parmesan
je 1/2 TL Pfeffer, Bertram, Galgant
1 Tasse Mandeln, geröstet

Die Nudeln bißfest kochen. Zwiebeln in Öl andünsten, die Dinkelnudeln dazugeben, leicht anbräunen, mit Essig und Gewürzen abschmecken. Den Käse über die Mischung krümeln, den Knoblauch darüber zerdrücken und das Gericht mit Mandelsplittern bestreut servieren.

Gefüllte Dinkelhörnchen

500 g Dinkelmehl · 1/8–1/4 l Milch · Salz · 20 g Hefe
ca. 100 g Butter oder Öl

FÜR DIE GEMÜSEFÜLLUNG:
entweder wie bei Dinkel-Cannelloni (siehe Seite 84) beschrieben oder 250 g Spinat, Butter, Zwiebel

ZUM BESTREICHEN:
zerlassene Butter oder Eigelb

Das Mehl in eine Schüssel sieben, die lauwarme Milch und das Salz einrühren. Die Hefe in lauwarmem Wasser auflösen, zusammen mit Butter oder Öl zugeben und alles zu einem Knetteig verarbeiten; gehen lassen.
Eine Gemüsefüllung wie auf siehe Seite 84 beschrieben herstellen oder gehackte Zwiebel in Butter andünsten, den geputzten, gewaschenen und abgetropften Spinat zufügen und zusammenfallen lassen.

Den gegangenen Teig messerrückendick ausrollen, Dreiecke ausradeln bzw. schneiden, mit zerlassener Butter bestreichen, in die Mitte der Breitseite je 1 Löffel Füllung geben, zur Spitze hin aufrollen, so daß die Naht unten zu liegen kommt, etwas nachformen, halbmondförmig biegen und auf gefettetem Blech erneut gehen lassen. Mit zerlassener Butter oder Eigelb bestreichen und bei 200 °C ca. 20–30 Minuten backen.

Gefüllte Dinkel-Cannelloni

FÜR DEN PFANNKUCHENTEIG:
250 g Dinkelmehl · 3–4 Eier · $\frac{1}{2}$–$\frac{3}{4}$ l Milch · Salz Sonnenblumenöl

FÜR DIE FÜLLUNG:
250 g Gemüse nach Geschmack und Saison · Butter Zwiebeln · Salz · Pfeffer · Muskat · Bertram · Galgant Diptam · frische Kräuter nach Belieben · etwas Mehl wenig Wasser

Das Mehl in eine Schüssel sieben, Milch, und Eier einrühren und salzen. Der Teig soll dicklich vom Löffel laufen. Jeweils etwas Öl in einer Pfanne erhitzen, darin dünne Pfannkuchen ausbacken.
Für die Füllung die Gemüse waschen, schälen, fein hobeln und in Butter mit gehackten Zwiebeln dünsten, mit Salz, Pfeffer, Muskat, Bertram, Galgant und Diptam abschmecken. Auch frisch gehackte Kräuter nach Belieben unterrühren. Etwas Mehl darüberstreuen, wenig Wasser angießen und aufkochen. Die Gemüsemasse auf die Pfannkuchen streichen, den Rand dabei frei lassen. Jeweils seitlich einschlagen und die Cannelloni zusammenrollen.

Variationen: Als Füllung Champignons, in Butter mit Zwiebeln gedünstet, ebenso gewürzt und gebunden wie oben, verwenden oder 250 g Kalbs- oder Rinderleber in Butter mit Zwiebeln braten, wie oben würzen und binden.

Schinken-, Käse- oder Gemüsehörnchen

Für den Dinkel-Hefe-Mürbeteig:

250 g Dinkelmehl · 90–125 g kalte Butter · 1 1/4 TL Salz
4 EL Sauerrahm · 20 g Hefe

Das Mehl auf ein Backbrett sieben, die kalte Butter in kleinen Würfeln darauf verteilen, salzen. Den Sauerrahm mit der Hefe verrühren und in die Mehlgrube geben. Den Teig rasch zusammenkneten, zugedeckt eine halbe Stunde im Kühlschrank gehen lassen.

Für die Schinkenfülle:

150 g Putenschinken · 1 kleine Zwiebel · 10 g Butter
2 TL Petersilie · 2 EL Sahne · Bertram · Galgant

Den Schinken klein würfeln, die Zwiebel fein schneiden und in Butter glasig dünsten. Die Petersilie waschen und fein wiegen. Sahne, Salz, Bertram und Galgant zugeben, gut abschmecken. Den Teig dünn auswellen, Dreiecke radeln. Etwas Fülle auf die breite Seite legen, zur Spitze hin rollen und Hörnchen formen. 15 Minuten gehen lassen, mit Eigelb bestreichen und bei ca. 200 °C etwa 15–20 Minuten backen.

Für die Käsefülle:

200 g Schafskäse oder Emmentaler
1–2 Knoblauchzehen · Salz · Kreuzkümmel · Galgant
1–2 EL Sahne

Den Käse klein schneiden oder raspeln, die geschälten Knoblauchzehen zerdrücken und zugeben, mit Salz, Kreuzkümmel und Galgant würzen. Die Sahne untermengen, den Teig damit füllen (wie bei Schinkenhörnchen).

FÜR DIE GEMÜSEFÜLLUNG:

350 g geputztes Gemüse (Fenchel, Karotten, Sellerie, Zucchini, Bohnen etc.)
15 g Butter · 1 kleingeschnittene Zwiebel · 2 EL Petersilie
Dill nach Geschmack · 1 Knoblauchzehe · Salz · Pfeffer
Galgant · Bertram · Muskat · Quendel · 1 EL Mehl

Das vorbereitete Gemüse raspeln. In erhitzter Butter die Zwiebel glasig dünsten, Gemüse zufügen, mitdünsten. Gehackte Petersilie und Dill nach Wunsch zugeben, ebenso die geschälte, mit Salz zerquetschte Knoblauchzehe. Mit den Hildegard-Gewürzen abschmecken, mit Mehl bestäuben, durchrühren und wie die Schinkenfüllung verwenden.

Süße Hauptgerichte

Dinkelkernottoauflauf

1 l Milch · 1 Prise Salz · 250 g Dinkelkernotto

FÜR DIE SCHAUMMASSE:

60 g Butter · 50 g Rohrzucker · 3–4 Eier
unbehandelte Zitronenschale · Vanillepulver · Zimt
Nelkenpulver

Milch, Salz und Kernotto zu einem dicken Brei kochen; gut ausquellen lassen.
Butter und Zucker verrühren, nach und nach die Eigelbe unterrühren, bis die Masse schaumig ist. Mit Zitronenschale, Vanille, Zimt und Nelken würzen.
Löffelweise den Kernottobrei und zuletzt den Eischnee unterheben.
In gefetteter Auflaufform bei 200 °C ca. $^3/_4$–1 Stunde backen.

Variation: Als Grundmasse können statt Dinkelkernotto auch Dinkelgrieß oder in Milch eingeweichtes Brot bzw. Dinkelbrötchen verwendet werden.

Dinkel-Schichtnudeln

Den auf siehe Seite 142 beschriebenen Nudelteig in bandnudelbreite Streifen schneiden und in Salzwasser bißfest kochen. $^1/_3$ der Nudeln als untere Lage in eine gefettete Gratinpfanne geben, darauf 3 EL Himbeermarmelade streichen. Den zweiten Teil über die Himbeerschicht legen und mit einer Mischung aus 150 g Mandeln und 100 g braunem Zucker überstreuen.

Darüber eine dritte Nudelschicht legen, mit Butterflöckchen besetzen und im vorgeheizten Ofen goldbraun backen.

Kastanienküchlein mit Rotweinsauce

500 g Eßkastanien · 2 Semmeln (Brötchen) · Milch
Zitronenschale · 2 Eier · Zimt · 100 g Rohrzucker
Semmelbrösel · Butter

Für die Rotweinsauce:

$^1/_4$ l Rotwein · Zitronenschale · Zimtrinde · 2 Nelken
50 g Rohrzucker · 50 g Dinkelmehl

Die kreuzweise eingeschnittenen, entweder im Ofen gebackenen oder gekochten Kastanien schälen und zusammen mit den in Milch eingeweichten Semmeln durch den Fleischwolf drehen. Abgeriebene Zitronenschale, Eier, Zimt und Zucker zugeben und von der Masse runde, 2 cm dicke Küchlein formen. In Semmelbröseln wenden und in heißer Butter langsam backen.

Für die Sauce den Rotwein zusammen mit Zitronenschale, Zimtrinde, Nelken und Zucker erhitzen. Das Mehl in kaltem Wasser anrühren, in die kochende Flüssigkeit einrühren, abkühlen lassen und zu den Küchlein servieren.

Topfenknödel mit Maronifüllung

Für den Teig:
150 g Butter · 500 g Quark (Topfen) · 50 g Grieß
300 g Mehl · 6 Eigelb · Zitronensaft · Vanillepulver
1 Prise Salz

Für die Maronifüllung:
250 g Maroni · 125 g Honig · Zimt · Nelken

Für die Weinschaumsauce:
4 Eigelb · 3/4 l Wein · 200 g brauner Zucker

Die Butter schaumig rühren und mit den folgenden Zutaten zu einem Teig verarbeiten.
Für die Füllung die Kastanien kreuzweise einschneiden, in Wasser weich kochen, schälen und durch den Fleischwolf drehen. Mit Honig, Zimt und Nelken mischen; abschmecken.
Aus der Füllung kleine Kugeln formen.
Den Topfenteig mit nassen Händen um die Maronikugeln formen, in Grieß wenden und in kochendem Salzwasser ca. 8–10 Minuten garen. Wenn sie oben schwimmen, sind sie fertig. Mit Weinschaumsauce servieren.
Für die Sauce die Eigelbe mit Wein und Zucker über Dampf bzw. im Wasserbad aufschlagen und sofort servieren.

Apfel-Quark-Auflauf mit Brombeersauce

(Foto Seite 51)

100 g Mandeln · 100 g Sultaninen · Rum · 750 g Äpfel
etwas Rohrzucker · 4 Eier · 1 Zitrone · 100 g Butter
500 g Magerquark · 1 Prise Salz · 50 g Maronimehl
Eiweiß · 80 g Rohrzucker · 1 Päckchen Mandelblättchen

FÜR DIE BROMBEERSAUCE:
1 kg Brombeeren · 100 g Rohrzucker
Schale von 1 unbehandelten Orange · 1/8 l Rotwein

Die Mandeln mahlen, die Sultaninen in leicht erwärmtem Rum einweichen. Die Äpfel schälen, halbieren und das Kernhaus entfernen. Die eingeweichten Sultaninen mit dem Rum pürieren und mit den Mandeln mischen. In die Äpfel füllen. Eine Auflaufform mit Butter ausfetten, mit Rohrzucker ausstreuen. Die Äpfel mit der Füllung nach unten in die Form setzen.
Die Eier trennen. Die Zitronenschale dünn abreiben und die Frucht auspressen. Die Butter zusammen mit dem Eigelb, Zitronensaft und -schale sowie Quark, Salz und Maronimehl zu einer glatten Masse verrühren.
Das Eiweiß zu steifem Schnee schlagen, Zucker einrieseln lassen und unter die Quarkmasse heben. Die Masse gleichmäßig auf die Äpfel streichen, mit Mandelblättchen bestreuen.
Den Auflauf auf der untersten Schiebeleiste bei 200 °C 35–40 Minuten backen. Für die letzten 10 Minuten mit Alufolie abdekken; in der Form servieren.
Für die Sauce den Zucker in einer Pfanne schmelzen. 750 g Brombeeren zugeben, durchrühren und aufkochen. Durch ein Sieb streichen. Die Orangenschale abreiben, etwas zum Garnieren beiseitelegen. Zusammen mit dem Wein zufügen und das Püree 4–5 Minuten einkochen, die übrigen Brombeeren (250 g) zugeben und auskühlen lassen. Die restliche Orangenschale auf die Sauce streuen und zum Auflauf reichen.

Apfel-Dinkelzwieback-Auflauf

6 mittelgroße Äpfel · 600 g Mandelstifte · 60 g Rosinen
Zucker nach Belieben · 3 Eier · $^{1}/_{4}$ l Milch · Zimt
10 Scheiben Dinkelzwieback

Die Äpfel waschen, schälen, das Kerngehäuse entfernen und grob raspeln. Mandelstifte, Rosinen und Zucker unter die Apfelmasse mischen. Die Eier mit Milch verquirlen, mit Zimt nach Geschmack würzen.

Eine Auflaufform fetten und abwechselnd Zwieback, Apfelmasse und Eiermilch einschichten. Bei 180 °C ca. 40 Minuten backen.

Fleisch

Hühnchen, Pute und Fasan – eine Kräftigung für Kranke und Gesunde

Hühnchen mit Dinkel

(Foto Seite 69)

1 junges Hühnchen · 3 EL Sonnenblumenöl · etwas Salz
Bertram · Galgant
Griechenkleemischpulver (Bockshornklee) · 1 EL Butter
1 Zwiebel, gewürfelt · 1 Tasse Dinkelkörner
1 Tasse Rotwein · 2 Tassen Hühnerbrühe

Das Fleisch sauber von den Knochen lösen, in kleine Stücke schneiden und in Sonnenblumenöl kräftig anbraten. Anschließend mit Salz und Gewürzen bestreuen. Etwas Wasser zufügen und zugedeckt bei kleiner Hitze gar kochen.

In der Zwischenzeit Zwiebeln mit Butter andünsten, den Dinkel zugeben, unter Rühren anrösten, mit Wein und Hühnerbrühe ablöschen und in 30 Minuten weich kochen. Das Hähnchenfleisch dazugeben und noch 3 Minuten auf heißer Herdplatte stehenlassen.

Hähnchen in Riesling
(Coq au vin)

2 küchenfertige Hähnchen · Salz
1 Knoblauchzehe, gerieben · Pfeffer · Galgant
Bertram · 2 EL Dinkelmehl
3 EL Sonnenblumenöl oder 60 g Butter
200 g Champignons oder Pfifferlinge, geschnitten
100 g Butter · ¼ l Riesling (250 ml)
1 Lorbeerblatt
frische Kräuter: Ysop, Petersilie, Krauseminze, Estragon, kleingehackt
½ Tasse Schlagsahne

Die Hähnchen enthäuten, waschen, gut abtrocknen, in je vier Teile schneiden, mit Knoblauch einreiben, mit Salz und Gewürzen bestreuen und mit Dinkelmehl bestäuben. Mit Öl oder Butter in der Pfanne von allen Seiten bräunen und mit Riesling ablöschen. Pilze, Lorbeerblatt und eine Handvoll kleingewiegte Kräuter dazugeben. Im geschlossenen Topf auf kleiner Flamme 30 Minuten köcheln lassen. Das Fleisch herausnehmen und auf einer vorgewärmten Platte heiß stellen. Die Sauce nach Wunsch mit Mehlbutter binden, Sahne unterziehen und mit den angegebenen Gewürzen abschmecken.
Als Beilagen eignen sich Dinkelkernotto, Dinkelnudeln und Kopfsalat.

Hühnerragout mit Mandeln und grünen Dinkelnudeln

1 Huhn, ausgenommen und in 4 Teile zerlegt
Salz · Pfeffer
je ½ TL Galgant, Bertram, Quendel und Rosmarin
2 EL Sonnenblumenöl · 1 Zwiebel
2 EL Mandelblättchen · 1 Knoblauchzehe, zerdrückt
1 Tasse Weißwein · 1 Tasse Hühnerbrühe

ALS BEILAGE:
grüne Dinkelnudeln (siehe Seite 142)

Das Hühnerfleisch mit Salz und den Gewürzen einreiben. Zwiebelwürfel in Öl andünsten, die Geflügelstücke, Mandeln und Knoblauch zufügen und alles gut anbraten. Mit Weißwein und Hühnerbrühe ablöschen und bei mittlerer Hitze ca. 20 Minuten fertigkochen.
Dazu Dinkelnudeln servieren.

Variation: Nach Belieben kann man noch Gemüse separat dünsten und mit dem Hühnerragout servieren, z. B. Möhren, Sellerie, Zucchini und Pilze.

Hühner- oder Putenfrikassee

1 Suppenhuhn oder Putenkeulen · Salz · Bertram
Galgant

ZUM DÜNSTEN:
30–40 g Butter · 1 Zwiebel · Wurzelwerk (kein Lauch!)
etwa ½ l Flüssigkeit (Wasser oder leichte Brühe)
1 Zitronenscheibe · 1 Stückchen Zitronenschale
Liebstöckel · Basilikum

FÜR DIE SAUCE:
40 g Butter · 40 g Dinkelmehl · ½ l Dünstbrühe

ZUM VERBESSERN:
Zitronensaft · 1 Prise Rohrzucker · Weißwein
einige EL Sauerrahm · 1–2 Eigelb
100–150 g gedünstete Champignons oder gekochte
Spargelspitzen

1. Art: Vorbereitetes Huhn oder Putenkeulen salzen, von allen Seiten lichtgelb anbräunen, Wurzelwerk dazugeben, kurz mitdünsten, mit kochender Flüssigkeit seitlich aufgießen, übrige Geschmackszutaten zugeben, im geschlossenen Topf bei mäßiger Hitze gar dünsten, Garzeit je nach Alter des Huhnes ca. 1½ Stunden.
Eine helle Einbrenne aus Butter und Dinkelmehl herstellen, mit Dünstbrühe aufgießen, 5–10 Minuten kochen, abschmecken und mit Eigelb legieren. Das Huhn in Portionsstücke teilen, nach Belieben entbeinen, in die Sauce einlegen, Spargel bzw. Champignons zugeben, durchziehen lassen, abschmecken, nicht mehr kochen lassen.

2. Art: Huhn oder Putenschenkel roh entbeinen, in Portionsstücke zerlegen, salzen, in Mehl wenden, in Butter andünsten, Zwiebel und Wurzelwerk mit andünsten, etwas Flüssigkeit angießen, im geschlossenen Topf bei mäßiger Hitze garen, bei Bedarf Flüssigkeit nachgießen. Garzeit: 1–1½ Stunden.
Fleischstücke aus der Sauce nehmen, warm stellen, die Sauce durch ein Sieb passieren, mit Zitronensaft, Zucker, Wein und

Sauerrahm abschmecken, falls nötig, mit etwas Dinkelmehl binden, mit Eigelb legieren, nicht mehr kochen lassen. Fleischstücke mit Champignons und Spargel in Sauce anrichten.

Beilagen: Dinkelkernotto (evtl. im Reisring anrichten), Dinkelspätzle, Salat, Gemüse.

Hühnerleber auf Dinkel

400 g Leber freilaufender Hühner · 1 EL Dinkelmehl
3 EL Sonnenblumenöl · 2 Zwiebeln
2 Äpfel, entkernt, in Scheiben geschnitten
50 g saure Sahne · Poleiminze · Bertram · Salz
2 Tassen gekochte Dinkelkörner (siehe Seite 141)

Hühnerleber in Scheiben schneiden, würzen und in Mehl wenden. In der Pfanne von allen Seiten in Sonnenblumenöl rasch durchbraten und herausnehmen. Danach Zwiebeln und Apfelscheiben in Öl andünsten, saure Sahne dazugeben und mit Gewürzen abschmecken. Die Leber in dieser Sauce ziehen lassen, nicht mehr kochen und auf Dinkel mit Kopfsalat servieren.

Variation: Ebenso kann man Putenleber verwenden. Hildegard empfiehlt vor allem Straußenleber, weil diese Melancholie vertreibt und den Geist erfrischt.

Straußenfleisch kann man wie Geflügel als Ragout oder Gulasch zubereiten, und es ist das ideale Diätfleisch für die Dicken. Hildegard empfiehlt es außerdem gegen Epilepsie und bei Krämpfen.

Hühnerleberfüllung für Dinkelpfannkuchen

300 g Hühner- oder Putenleber · 3 EL Sonnenblumenöl
1 Ei · 1 Zwiebel · 1 Knoblauchzehe
etwas Pfeffer, Salz und Muskat

Zwiebel im heißen Öl andünsten. Leberscheiben von beiden Seiten braun braten, alle Zutaten mit einem gekochten Ei mischen, durch den Wolf drehen, würzen und damit Dinkelpfannkuchen oder Zucchinischiffchen (siehe Seiten 75 und 131) füllen.

Gebratene Pute mit Apfel-Maronen-Füllung

Für 6–8 Personen:
1 Pute (2,5 kg) · Salz · Pfeffer · 250 g Maronen
Wasser · 500 g Boskop-Äpfel · 2 EL Rosinen
1 EL Petersilie · 1 EL Semmelmehl · 4–5 EL Öl · Salz
Pfeffer · Galgant · 1 Bund Suppengrün (ohne Lauch)
1/4 l Brühe · 1/4 l Wasser · 1 Schuß Wein
Salz und Pfeffer

Die Pute waschen, trockentupfen, von innen mit Salz und Pfeffer würzen. Die Maronen mit einem scharfen Messer einkerben, in kochendem Wasser 15 Minuten garen, rausnehmen, schälen und die innere Haut abziehen. Die Maronen mit den geschälten und geviertelten Äpfeln, Rosinen, feingehackter Petersilie sowie Semmelmehl mischen und in die Pute füllen. Zunähen; Öl mit Salz, Pfeffer und Galgant verrühren, damit die Pute bestreichen. Im Backofen bei 200 °C braten. Nach 30 Minuten Suppengrün und Brühe zufügen und weitere 30 Minuten braten. Gelegentlich mit Bratenfond begießen. Die Temperatur auf 225 °C hochstellen und weitere 30–45 Minuten braten.

Den Bratenfond mit Wasser loskochen, durch ein Sieb streichen, in einem Topf mit Sahne binden, mit Wein, Salz und Pfeffer abschmecken.

Füllungen für Hühnchen oder Pute

4 Tassen Dinkelbrotreste oder Brötchen,
in Milch eingeweicht
1 TL Salz
½ TL Griechenkleemischpulver (Bockshornklee) oder Pfeffer
1 Ei
wahlweise 1 Tasse geschnittene saure Äpfel oder
gewürfelter Knollensellerie oder Champignons mit Zwiebeln
3 EL gehackte Petersilie oder Salbeiblätter

Das eingeweichte Brot eventuell etwas ausdrücken, mit den übrigen Zutaten vermischen, gut abschmecken und in das Geflügel füllen. Dieses mit einer Rouladennadel zustecken oder -nähen und braten. Mit Gemüse und Salat servieren.

Putenbrust gegrillt mit Dinkel und Salat

Putenbrustfilets (600 g) · 3 EL Sonnenblumenöl · Pfeffer
Salz · 1 Knoblauchzehe, zerquetscht
3 EL Quitten- oder Johannisbeergelee
2 Tassen frisch gekochte Dinkelkörner

Putenbrust in 4 Stücke teilen, mit Öl bestreichen, salzen und mit Knoblauch und Quittengelee 2 Stunden marinieren. In der Zwischenzeit den Grill oder den Backofen vorheizen und die Putenfilets bei starker Oberhitze mindestens 30 Minuten grillen, dabei zweimal wenden und jeweils mit Öl bestreichen. Mit Dinkel, Salat und Kräuterbutter (siehe Seite 154) servieren.

Variation: Genauso lassen sich Hühnerfilets oder Lammschnitzel zubereiten. Als Beilagen eignen sich außerdem:

Kastanien-Dattel-Apfel-Salat (siehe Seite 161); Kichererbsenpüree (siehe Seite 138) oder Gemüsestreifen aus Karotten, Fenchel und Sellerie; Lamm mit grünen Bohnen servieren.

Fasanen mit Kastanien und Dinkelnudeln

2 junge Fasane · je 1 Msp Salz und Pfeffer · 2 Zwiebeln
¼ Sellerieknolle · 2 Karotten
je 1 Msp Salbei, Ysop, Poleiminze
2 EL Sonnenblumenöl · 150 g geschälte Edelkastanien
¼ l Rotwein · 1 EL Dinkelmehl
dünne Speckscheiben zum Bridieren

Fasane waschen, trocknen und innen und außen mit Salz und Pfeffer gut einreiben. Brust und Flügel der Fasane mit Speckseiten umwickeln und binden, um ein Austrocknen des Fleisches zu vermeiden. Eine gewürfelte Zwiebel und gehackte Sellerie in heißem Öl andünsten, mit den gekochten Kastanien pürieren. Salbei, Ysop, Poleiminze dazugeben, würzen, damit die Fasane füllen und zunähen. Die Fasane in einem Bräter in Öl kurz anbraten und im heißen Backofen bei 225 °C 20–30 Minuten gar braten. Zwischenzeitlich immer wieder einmal umdrehen und während der letzten 10 Minuten eine grobgewürfelte Zwiebel und die Karotten mitbraten.
Die fertigen Fasane warm halten und aus dem Bratenfond eine

Dinkelmehl-Rotweinsauce herstellen. Dazu passen Dinkelnudeln und Dinkel-Kopfsalat (siehe Seite 159) sowie gedünstetes Fenchelgemüse und Weintrauben.

Fasanenfrikassee auf Dinkelreis

2 Fasane · 1 Zwiebel · 2 EL Sonnenblumenöl
1/4 Sellerieknolle · 1 Lorbeerblatt · Salz und Pfeffer
je 1 Msp Ysop und Bertram
je 1/4 l Weißwein und Wasser · 1 EL Dinkelmehl
etwas Weinessig oder Zitronensaft
2 Eigelb · 1 Becher Sahne

Die gewürfelte Zwiebel in heißem Sonnenblumenöl in einer Kasserolle andünsten. In der Zwischenzeit die Fasane waschen, trocknen, innen und außen salzen, pfeffern und in die Kasserolle legen. Gewürze und den kleingeschnittenen Sellerie dazugeben, mit Weißwein und Wasser auffüllen und zugedeckt bei mittlerer Hitze ca. 1 Stunde kochen, bis die Fasane weich sind und sich die Keulen leicht abdrehen lassen. Fasanenfleisch von den Knochen lösen und klein schneiden. Die Fasanenbrühe mit Dinkelmehl andicken, mit Eigelb, Sahne, Zitronensaft (oder Essig) und Salz abschmecken, Fasanenstücke hineingeben und mit Dinkelreis (siehe Seite 141 oder Dinkelnudeln) servieren.
Dazu gibt es grünen Salat mit Dinkelkörnern (siehe Seite 159).

Straußenfleisch – das ideale, fettärmste Diätfleisch

Straußengulasch

600 g Straußenfilet · 2 EL Sonnenblumenöl
2 Zwiebeln, gewürfelt · 1 EL Galgant · 1/8 l Fleischbrühe
1/8 l Weißwein · Salz · Pfeffer · Bertram · 1 EL Dinkelmehl
125 g saure Sahne · Bachminze

Straußenfleisch in Würfel schneiden, in Öl anbraten. Zwiebeln kurz mit andünsten. Mit Brühe und Wein löschen. Würzen und ca. 20 Minuten gar schmoren.
Sahne mit Dinkelmehl verquirlen, hinzugeben, aufkochen und abschmecken. Mit Dinkelnudeln oder -reis (siehe Seite 141) servieren.

Kalb und Rind – nur für Gesunde

Gefüllte Kalbsbrust

500 g Kalbsbrust

FÜR DIE FÜLLUNG:
3 Brötchen, altbacken · 50 g Kastanien · 1 Zwiebel
Karotten · Sellerie · 2–3 Eier · Salz · Pfeffer
evtl. Muskat · Petersilie · Ysop · 2–3 EL Öl
Zwiebeln, Karotten, Sellerie
1/2 l Wasser oder Kalbsfußknochenbrühe

In die vorbereitete Kalbsbrust eine Tasche einschneiden. Für die Füllung die Brötchen in kleine Würfel schneiden. Die kreuzweise

eingeschnittenen Kastanien ca. 20 Minuten kochen, anschließend zerkleinern. Die geschälte Zwiebel kleinschneiden und in etwas Öl andünsten. Karotten und Sellerie in Würfel schneiden, mitdünsten, die Brotwürfel daruntermischen, die Eier zugeben und alles zu einer Masse verarbeiten. Mit Salz, Pfeffer und eventuell auch Muskat abschmecken. Die kleingehackten Kräuter unterkneten. Die Kalbsbrust mit dieser Masse füllen, die Tasche zunähen und in Öl anbraten. Nun noch kleingeschnittene Gemüse nach Belieben zugeben und mitbraten. Mit Wasser oder Knochenbrühe ablöschen und 1 – 1 ½ Stunden garen.
Mit Dinkelreis (siehe Seite 141) servieren.

Geschmorte Quitten mit Schafskäse und Kalbsleber

2 Quitten (ca. 400 g) · ¼ l Rotwein · 30 g Butter
1 EL Honig
dünn abgeschälte Schale von 1 unbehandelten Zitrone
¼ l Kalbsbrühe · 60 g Butter · Salz und Pfeffer
200 g Schafskäse · 2 Stiele frische Minze
8 kleine Scheiben Kalbsleber (à 80 g) · ca. 40 g Mehl
ca. 50 g erhitzte Butter

Die Quitten schälen, halbieren und mit einem Kugelausstecher die Kerngehäuse herausschneiden.
Rotwein, Butter, Honig und Zitronenschale in einem Topf zum Kochen bringen, die Quittenhälften darin zugedeckt bei mittlerer Hitze 20 Minuten garen.
Danach aus dem Sud nehmen, die Kalbsbrühe zugießen und auf ⅛ l einkochen. Die kalte Butter in Flöckchen mit dem Schneebesen unter den Sud schlagen. Die Sauce mit Salz und Pfeffer würzen und warm halten.
Den Schafskäse durch ein Sieb streichen, die Blättchen der Minze abzupfen, bis auf 4 Stück fein hacken und unter den Käse mi-

Quitten gefüllt mit Lamm (Rezept Seite 108)

schen. Den Schafskäse (bis auf 2 EL) auf die Quittenhälften türmen; diese dann in einer feuerfesten Form im vorgeheizten Backofen auf der 2. Einschubleiste von unten bei 225 °C überbacken.

Die Leberscheiben pfeffern, in Mehl wenden, in erhitzter Butter von jeder Seite 2–3 Minuten braten und mit Sauce begießen; die gefüllten Quitten dazusetzen, mit dem restlichen Schafskäse und den Minzeblättern bestreuen.

Die Zubereitungszeit beträgt insgesamt etwa 1 ½ Stunden.

Lamm – stärkt den Kreislauf

Lammbraten mit grünen Bohnen

800 g Lammfleisch aus der Keule · etwas Salz
je ½ TL Galgant, Bertram und Griechenkleemischpulver (Bockshornklee)
2 Knoblauchzehen · 1 Zweig Rosmarin · 1 Zwiebel
3 EL Sonnenblumenöl · 1 Tasse Hühnerbrühe
1 Tasse Weißwein · 1 EL Dinkelmehl · 2 EL saure Sahne
grüne Bohnen, in Brühe gegart

Das Lammfleisch enthäuten, salzen und würzen, mit zerschnittenen Knoblauchzehen spicken und mit Rosmarin und gehackter Zwiebel in heißem Öl allseitig gut anbraten. Mit Hühnerbrühe und Wein ablöschen und im gefetteten Bratentopf auf dem Rost bei 220 °C ca. 45 Minuten braten. Den Lammbraten ab und zu wenden und mit Bratensaft begießen.

Den Braten herausnehmen und heiß stellen. Den Bratenfond mit Dinkelmehl binden, mit saurer Sahne und Gewürzen abschmekken, über den Braten gießen und mit grünen Bohnen garnieren.

Dazu passen Dinkelnudeln und Fenchelsalat.

Lammkeule im Kräutermantel

1 Lammkeule (600–800 g) · 2 Knoblauchzehen · Salz
1 Zweig Liebstöckel · je 1 Stengel Beifuß und Quendel
1 TL Galgant · 1 Bund frische Petersilie · Öl
1 Bund Suppengemüse (ohne Lauch!) · 1/4 l Weißwein
1 EL Dinkelmehl

Die Lammkeule sorgfältig von ihren überflüssigen Fetteilen und Häuten befreien. Die gepellten Knoblauchzehen fein hacken und mit etwas Salz zerdrücken, den Knoblauch und die feingehackten Kräuter mit etwas Öl verrühren und eine streichfähige Marinade herstellen. Mit der Hälfte davon die Lammkeule bestreichen, 1–2 Stunden ziehen lassen. Dann die übrige Marinade aufstreichen. Die Keule in einer Bratreine von allen Seiten gut anbraten, das geschnittene Suppengemüse zugeben und mit der Hälfte des Weißweins und etwas Wasser ablöschen. Nach 1–1 1/2 Stunden den Fond mit dem restlichen Weißwein abschmecken und mit Dinkelmehl binden.

Lammkoteletts mit glasierten Karotten

4 Lammkoteletts
je 1/2 TL Galgant, Bertram und Griechenkleemischpulver (Bockshornklee)
Salz · 2 Knoblauchzehen · 3 EL Sonnenblumenöl
2 Zwiebeln · 1/4 l Hühnerbrühe · 1 EL Dinkelmehl
3 EL Sauerrahm · glasierte Karotten (siehe Seite 131)

Die Lammkoteletts waschen, abtupfen, würzen, salzen und mit zerdrücktem Knoblauch einreiben. In heißem Öl bei mittlerer Hitze ca. 5 Minuten pro Seite leicht anbraten.

Die Koteletts im Ofen warm halten. Im Bratensaft die gehackten Zwiebeln andünsten, mit Hühnerbrühe löschen, mit Mehl und saurer Sahne binden, kurz aufkochen und heiß zu den Lammkoteletts servieren. Mit glasierten Karotten garnieren.
Dazu passen Dinkelkernotto und Kopfsalat.

Lammfilets mit Kichererbsenpüree

300 g Kichererbsenpüree (siehe Seite 138)
4 Lammfilets von jeweils 100–150 g
3 EL Sonnenblumenöl · Salz
je 1/2 TL Galgant, Bertram und Griechenkleemischpulver (Bockshornklee)
2 EL Quittengelee oder -marmelade
1 Zwiebel, gewürfelt · 2 Knoblauchzehen
1 EL Dinkelmehl · 1/4 l Hühnerbrühe · 3 EL saure Sahne

Die Kichererbsen schon am Vorabend einweichen, garkochen und pürieren (siehe Seite 138). Die Lammfilets salzen, würzen, mit Quittengelee bestreichen und ca. 2 Stunden in Öl marinieren. Aus der Marinade nehmen, leicht abtupfen und jede Seite knapp 2 Minuten braten. Heiß stellen.
In der Ölmarinade Zwiebeln und geschälten, zerquetschten Knoblauch andünsten, mit Mehl binden, die Hühnerbrühe angießen, kurz durchkochen und mit saurer Sahne verfeinern. Die Sauce über die Filets ziehen und mit Kichererbsenpüree servieren.

Lammragout mit Kichererbsen

400 g Kichererbsen
800 g Schaffleisch von Hals, Brust oder Schulter
etwas Salz
je ½ TL Galgant, Bertram, Griechenkleemischpulver (Bockshornklee)
Poleiminze · 3 EL Sonnenblumenöl · 2 Zwiebeln
3 Knoblauchzehen · ¼ l Hühnerbrühe oder Wein
1 EL Dinkelmehl · 2 EL saure Sahne

Kichererbsen schon am Vorabend einweichen.
Das gewaschene, abgetupfte Fleisch in Würfel schneiden, salzen, würzen und allseitig in Öl kräftig anbraten. Die gewürfelten Zwiebeln und den Knoblauch dazugeben, mit der Hühnerbrühe oder dem Wein ablöschen, die Kichererbsen zugeben und 1–1½ Stunden lang schmoren.
Die Sauce mit Dinkelmehl und saurer Sahne binden, abschmecken und nochmals kurz aufkochen. Mit Dinkelnudeln oder Dinkelkörnern (wie Reis gekocht, siehe Seite 141) servieren.

Lammeintopf mit Kichererbsen

800 g Lamm- oder Hammelfleisch von Nacken oder Schulter
300 g Kichererbsen · 3 Zwiebeln · 3 Möhren
2 Teltower Rübchen · 1 Tasse Dinkelkörner
1,5 l Hühnerbrühe
je ½ TL Galgant, Bertram, Poleiminze und Ysop
etwas Salz · 2 EL Weinessig · frische Petersilie

Kichererbsen über Nacht in Wasser quellen lassen. Das Fleisch in Würfel schneiden und in die kochende Hühnerbrühe legen. Das

Gemüse klein schneiden und mit den Kichererbsen und Dinkelkörnern dazugeben. Salzen, würzen und im geschlossenen Topf 1 ½ Stunden bei mäßiger Hitze kochen lassen.
In vorgewärmter Schüssel heiß servieren, mit Petersilie garnieren.

Quitten gefüllt mit Lamm

(Foto Seite 103)

Für 8 Portionen:
8 Quitten · 100 g Zwiebeln · 2 EL Dinkelkernotto
50 g Butterschmalz · 750 g Lammhack · 2 Eier
1 Becher Sauerrahm (200 g) · 50 g Korinthen · Salz
½ TL Pfeffer · Galgant · 1 TL Zimtpulver
½ TL Nelkenpfeffer (Piment) · 8 EL brauner Zucker
8 EL Apfelessig · 100 g weiche Butter

Die Quitten zuerst mit einem trockenen Tuch gut abreiben. Vom Blütenende her eine dünne Scheibe abschneiden, damit eine Standfläche entsteht. Am Stielende jeweils einen 3–4 cm hohen Deckel abschneiden. Quitten und Deckel mit einem Kugelausstecher bis auf einen Rand von 1 cm aushöhlen.
Die Zwiebeln pellen, fein würfeln, mit Kernotto im heißen Butterschmalz glasig dünsten. Lammhack mit der Kernottomischung, Eiern, Sauerrahm und Korinthen verkneten. Die Masse dabei herzhaft mit Salz, Pfeffer, Zimt und Nelkenpfeffer würzen.
Die ausgehöhlten Quitten mit 3 EL Rohrzucker ausstreuen. Den Hackteig einfüllen, die Deckel aufsetzen. Die Hälfte Quittenfleisch mit 4 EL Zucker, 150 ml Wasser und Apfelessig in einen großen Schmortopf geben. Quitten hineinsetzen. Zugedeckt in den kalten Backofen auf die 2. Leiste von unten einschieben. Bei 200 °C 50 Minuten garen.
Quitten aus dem Topf nehmen, Schmorsud in ein Sieb schütten. Dabei die Flüssigkeit auffangen und das Quittenfleisch mit einem Löffel kräftig ausdrücken. Die Flüssigkeit in den Schmortopf gie-

ßen. Die Quitten wieder hineinsetzen, mit 30 g weicher Butter bestreichen. Zugedeckt bei 200 °C weitere 50 Minuten garen. Die Quitten herausnehmen, auf eine Platte setzen, mit Alufolie abdecken, im ausgeschalteten Backofen warm halten.
Den Schmorsud auf dem Herd dick einkochen, dabei die restliche Butter und den restlichen Zucker mit dem Schneebesen einrühren. Die Sauce mit Galgant abschmecken, die Quitten anrichten und mit Sauce begießen.

Ziege – stärkt Magen und Bindegewebe

Zickleingulasch mit Brunnenkresse

800 g junges Ziegenfleisch von Brust oder Rücken
3 EL Sonnenblumenöl · 1 EL Dinkelmehl · 1 Zwiebel
4–5 Karotten · 1/4 l Hühnerbrühe
je 1/2 TL Galgant, Bertram, Griechenkleemischpulver (Bockshornklee)
etwas Salz · Saft von 1/2 Zitrone · 1 Töpfchen Sauerrahm
1 Bund Brunnenkresse

Das Fleisch in Würfel schneiden und im heißen Öl allseitig anbraten, mit Mehl bestreuen, gewürfelte Zwiebel und Karotten hinzugeben, andünsten und mit der Hühnerbrühe ablöschen. Gewürze zufügen, abschmecken und ca. 1 Stunde köcheln lassen. Die Sauce mit Zitrone und saurer Sahne abschmecken. Mit der gewaschenen, geputzten Brunnenkresse (einige schöne Zweige zum Dekorieren weglegen) weitere 3 Minuten kochen und mit Dinkelspätzle (siehe Seite 143) oder Dinkelkernotto servieren.

Wildschweinsteak mit Apfelgemüse

Für Alte und Schwache

600 g Wildschweinrückenfilets oder Keule
2 EL Sonnenblumenöl

FÜR DIE MARINADE:
1/4 l Rotwein · Pfeffer · Wacholderbeeren · etwa 1 EL Öl

FÜR DAS APFELGEMÜSE:
3 Zwiebeln · 3 Äpfel (Boskop oder Jonathan)
1 EL Butter · 1 EL saure Sahne · 1/2 TL Galgant
etwas Salz

Das Fleisch in Stücke von ca. 150 g schneiden, in eine Schüssel legen und mindestens 1 Stunde marinieren.
Gewürfelte Zwiebeln in Butter andünsten. Äpfel in Stücke schneiden, zu den Zwiebeln geben und 5 Minuten garen. Mit Gewürzen abschmecken und mit saurer Sahne verfeinern.
Die Steaks aus der Marinade nehmen, abtupfen, salzen und in Öl rasch anbraten, dann von beiden Seiten bei starker Hitze ca. 3 Minuten braten. Die Steaks auf heißer Platte anrichten und mit Apfelgemüse servieren. Dazu schmecken Dinkelspätzle (siehe Seite 143).

Rehrücken mit Jägermeistersauce

Für ca. 8–10 Portionen:
1 Hirsch- oder Rehrücken · 125 g Butterschmalz

FÜR DIE MARINADE:
1 Flasche herber Rotwein · 1 Msp Galgantpulver
1 Lorbeerblatt · 3 Gewürznelken · 2 TL Quendel
5 zerdrückte Wacholderbeeren
abgeriebene Schale einer unbehandelten Zitrone

FÜR DIE SAUCE:
250 g Hirsch- oder Rehabschnitte (Ragout und Knochen)
1 Möhre · 1 Stückchen Sellerie
1 Tasse Sauerkirschen mit Saft · 1 EL Dinkelmehl
3 EL Johannisbeergelee (oder Kornelkirschgelee)
1/8 l Sahne · Salz · Galgant

Aus den angegebenen Zutaten eine Marinade herstellen. Fleisch darin mindestens 24 Stunden einlegen.
Für die Sauce Fleischabschnitte in 25 g sehr heißem Butterschmalz anbraten. Kleingeschnittenes Gemüse dazugeben und rösten. 1/2 Tasse Wasser dazugießen und verdampfen lassen. Vorgang dreimal wiederholen. Marinade durch ein Sieb dazugießen. Auf kleinster Flamme auf 1/4 l einkochen.
Heißes Butterschmalz über den trockengetupften Rücken gießen. 5 Minuten bei 250 °C braten, dann auf 200 °C zurückschalten. Das Fleisch zwischendurch zusätzlich mit etwas Butterschmalz bepinseln.
Bratzeit: Rehrücken 30 bis 35 Minuten, Hirschrücken 40–45 Minuten. Das Fleisch vor dem Tranchieren im ausgeschalteten, etwas geöffneten Backofen 10 Minuten ruhen lassen. Den eingekochten

Saucenfond in einen Topf geben, mit Dinkelmehl andicken. Johannisbeergelee und Sahne dazugeben und mit Salz und Galgant abschmecken.

Rehleber mit Dinkelspätzle

400 g Rehleber · 1 EL Dinkelmehl
2 EL Sonnenblumenöl · 1 Zwiebel
je ½ TL Quendel, Poleiminze, Bertram und etwas Salz

Die Rehleber in Scheiben schneiden, abtupfen, in Mehl wenden und in Öl von allen Seiten braun braten. Die geschälten, gehackten Zwiebeln dazugeben, andünsten und mit den angegebenen Gewürzen und Salz abschmecken.
Mit Dinkelspätzle (siehe Seite 143) servieren.

Hirschsteaks mit Orangen und Kastanienpüree

Hirschsteaks, ca. 600–800 g · Salz · Pfeffer
1 EL Dinkelmehl · 2 Orangen · 2 EL Sonnenblumenöl
Kastanienpüree (siehe Seite 124)

FÜR DIE MARINADE:
½–¾ l herber Rotwein · 1 Msp Galgantpulver
1 Lorbeerblatt · 3 Gewürznelken · 2 TL Quendel
5 zerdrückte Wacholderbeeren
abgeriebene Schale einer unbehandelten Zitrone

Das Fleisch über Nacht oder auch länger in der Beize marinieren, herausnehmen, trockentupfen und in Öl von beiden Seiten anbraten, salzen und leicht pfeffern. Die Steaks herausnehmen und mit Alufolie bedeckt warm stellen.

Den Bratenfond mit Dinkelmehl verrühren, mit der Marinade löschen und eine Weile köcheln lassen. Den Saft einer Orange unterrühren. Die andere Orange schälen, in Scheiben schneiden und damit die Hirschsteaks garnieren. Mit Johannisbeersauce (wie »Apfelsauce«, siehe Seite 152) und Kastanienpüree (siehe Seite 124) servieren.

Hirschragout

800 g Hirschfleisch · 2 EL Sonnenblumenöl
1 EL Dinkelmehl · 2 EL Johannisbeergelee · Salz · Pfeffer

FÜR DIE MARINADE:
½ l Rotwein · ¼ l Weinessig · 1 Möhre
½ Sellerieknolle · 1 Lorbeerblatt · 1 Zwiebel
je ½ TL Rosmarin, Bertram und Poleiminze

Das Hirschfleisch in Stücke schneiden und in der Beize über Nacht marinieren. Es kann aber auch 2–3 Tage darin liegen bleiben.
Das gebeizte Fleisch abtupfen, in Öl ringsherum anbraten, mit Mehl bestäuben, die durchgesiebte Marinade angießen und das Gericht in ca. 1 Stunde fertig schmoren. Mit Salz, Pfeffer und Johannisbeergelee abschmecken und mit Dinkelspätzle (siehe Seite 143) servieren.

Fisch

Mit Fisch schwimmen die Pfunde davon

Fischsuppe

FÜR DEN FISCHSUD:
750 g bis 1 kg Gräten, Köpfe oder sonstige Abfälle von Edelfischen (z. B. Seezunge, Lachs, Lachsforelle etc.)
2 l Wasser · ½ l Weißwein · 1 Zwiebel · 1 Fenchelknolle
2 Karotten · Sellerieknolle · 2 Lorbeerblätter
½ Bund Dill · 5 Pfefferkörner · 1 TL Salz
500 g Lachsforelle oder anderer frischer Fisch (Barsch, Dorsch, Hecht, Bodenseekretzer oder Felchen)
Zitronensaft · 30 g Butter · 1 Zwiebel · 3 EL Dinkelmehl
Salz · Pfeffer · Bertram · Galgant · 2 EL Sahne · 1 Eigelb
1 Glas Weißwein · frische Petersilie

Zunächst für den Fischsud alle Zutaten zum Kochen bringen und ca. 30 Minuten offen köcheln lassen, anschließend abseihen. Sie können beim Wein auch variieren und mehr oder weniger verwenden bzw. den Wasseranteil reduzieren.
Den Fisch in Stücke zerteilen und mit etwas Zitronensaft beträufeln, salzen, pfeffern und mit Bertram sowie Galgant würzen. Im Fischsud ca. 10 Minuten ziehen lassen. Inzwischen für die Einbrenne die Butter schmelzen, die gehackte Zwiebel darin hell andünsten, ebenso das Mehl. Mit dem Fischsud ablöschen – dafür die Fischstücke mit einem Schaumlöffel kurzfristig herausnehmen und warm halten, danach in die gebundene Suppe einlegen. Weitere 5 Minuten ziehen lassen, mit Eigelb, Sahne und Weißwein verfeinern und mit allen Gewürzen abschmecken. Mit gehackter Petersilie bestreut servieren.

Lachsforellenfilet aus dem Ofen mit Kräutersauce

750 g Lachsforellenfilet · Zitronensaft · Salz · Pfeffer
Galgant · 1/4 l Weißwein

FÜR DIE KRÄUTERSAUCE:
30 g Butter · 1/2 Zwiebel · 30–40 g Mehl · 1/2 l Wasser
1 Glas Weißwein · etwas Sahne
frisch gehackte Kräuter nach Geschmack, vor allem Dill

Die Fischfilets säubern, mit Zitronensaft säuern und mit Pfeffer und Galgant würzen. Den Wein in eine flache Form gießen, die Fische salzen und in den Wein legen. Bei ca. 180 °C 10–15 Minuten garen, die Haut abziehen und Filets mit Kräutersauce servieren.
Für die Sauce die Butter erhitzen. Die geschälte Zwiebel in Würfel schneiden und darin andünsten. Das Mehl zugeben, lichtgelb rösten, nach und nach das Wasser zugießen und glattrühren. Mit Weißwein und Sahne verfeinern, mit Salz und etwas Pfeffer abschmecken und frische, gehackte Kräuter unterrühren.

Gedünsteter Zander auf Gemüsestreifen

Gemüsestreifen aus 4 Karotten · 2 Fenchelknollen
2 Zwiebeln · 1 Sellerieknolle · etwas Salz und Pfeffer
500 g Zanderfilet, Lachsforelle, Barsch oder Bodenseekretzer
Saft von 1 Zitrone · je 1/2 TL Galgant und Bertram
1 Tasse Weißwein

Den Boden eines Fischkochtopfes oder eines Kombisteamers mit den Gemüsestreifen auslegen. 1 Tasse Wasser und Salz hinzugeben.

Fischfilets mit Zitronensaft säuern, würzen, salzen und anschließend auf das Gemüse legen. Mit Wein übergießen, den Topf fest verschließen und bei mittlerer Hitze ca. 20 Minuten dämpfen. Die Brühe in Tassen füllen und den Fisch auf Gemüse servieren.

Gebratene Felchenfilets in Mandelbutter

4 Felchen, filetiert · Saft von 1 Zitrone · Pfeffer und Salz
je ½ TL Galgant und Bertram · 3 EL Öl · 50 g Butter
50 g Mandelblättchen · Petersilie zum Garnieren

Die Fischfilets mit Zitronensaft säuern, pfeffern, würzen, salzen und in heißem Sonnenblumenöl von beiden Seiten 1 Minuten anbraten. Öl abgießen und die Filets mit etwas Butter unter mehrmaligem Wenden ca. 10 Minuten braten, herausnehmen und im Ofen warm halten.

Im Bratenfond die Mandeln anrösten, über die Felchenfilets streuen und heiße Butter über die Fische gießen. Mit Zitrone und Petersilie garnieren.

Gekochte Barschfilets mit Sauce hollandaise

750 g Barschfilet · Saft von 1 Zitrone · Pfeffer · Salz
je ½ TL Galgant und Bertram · frische Petersilie
einige Zitronenscheiben zum Garnieren
Blitz-Hollandaise (siehe Seite 150)

Die Fischfilets mit Zitronensaft beträufeln, salzen, würzen und eine Weile ziehen lassen. Inzwischen einen Fischsud (siehe Seite 116) kochen und die Barschfilets darin garziehen lassen. Restlichen

Fischsud können Sie übrigens portionsweise einfrieren und haben so immer einen Vorrat.
Dinkelnudeln kochen und die Sauce hollandaise wie auf Seite 150 beschrieben zubereiten.
Die Fischfilets auf heißen Tellern mit Dinkelnudeln anrichten, mit Petersilie und Zitronenscheiben garnieren und mit der Hollandaise servieren.

Gebratene Wallerkoteletts in Basilikumkruste

4 Wallerkoteletts · Saft von 1 Zitrone · etwas Salz
1 EL Dinkelmehl · 3 EL Sonnenblumenöl

FÜR DIE KRUSTE:
3 EL Basilikum, gehackt, 1 Knoblauchzehe, 2 EL Sonnenblumenöl, 2 EL Semmelmehl, 1 Ei, etwas Salz und Pfeffer – im Mixer zu Brei mixen

Den Fisch mit Zitrone säuern, salzen in Mehl wenden und in heißem Öl von jeder Seite 5 Minuten anbraten. Die obere Seite mit Basilikumbrei bestreichen und in etwa 2 Minuten fertig braten.

Pochierte Wallerkoteletts mit Meerrettichsauce

4 Wallerkoteletts zu je 150 g · 1 l Wasser · 1 Zitrone
½ TL Pfeffer und Salz
Meerrettichsauce (siehe Seite 151)

Den Zitronensaft mit Salz und Pfeffer in kochendes Wasser geben, die Fischkoteletts mit dem Schaumlöffel zufügen und 10 Minuten garen. Den Fisch auf heißen Tellern anrichten, mit Petersilie und Meerrettichsauce servieren. Dazu schmecken grüne Dinkelnudeln (siehe Seite 142) oder Dinkelspätzle (siehe Seite 143).

Hechtklößchen

500 g Hecht · 80 ml Milch · 40 g Mehl · 1 Prise Salz
15 g Butter · 1 Ei · Muskat
Pfeffer, Galgant und Bertram nach Geschmack

Die Fischstücke zunächst in einem Cutter (Alleszerkleinerer) zerhacken, anschließend durch ein Sieb streichen. Die Milch in einem Topf aufkochen, das Mehl hineinschütten, gut rühren, die Butter und das Salz zufügen und weiterrühren, bis sich der Brandteig vom Topfboden löst. Etwas abkühlen lassen und zuerst das Ei, danach die Hechtmasse unterrühren. Mit den Gewürzen abschmekken. Mit einem Löffel Klößchen abstechen, in Salzwasser 10–15 Minuten gar ziehen lassen, kalt abschrecken und in Kräuter-Wein-Sauce (siehe Seite 152) servieren.

Fischauflauf

200 g Goldbarsch oder anderes Fischfilet · Zitronensaft
Pfeffer · Poleiminze oder andere Kräuter
1 kleine Zucchini · 1 Salatgurke · 4 EL Crème fraîche
2 EL mittelscharfer Senf · Galgant
1 Päckchen Mozzarellakäse · 1 Bund Dill
1 Becher Sahne · 1 Tasse Weißwein

Fischfilet säubern, mit Zitronensaft säuern, salzen und mit Pfeffer, Poleiminze oder anderen gehackten Kräutern würzen.
Die Gemüse waschen, schälen und zerkleinern. Crème fraîche,

Senf und Galgant zu einer Paste vermengen, über den Fisch streichen, abwechselnd Gemüse und Fisch mit Paste in eine Auflaufform schichten, dabei mit Gemüse abschließen. Den in Scheiben geschnittenen Mozzarellakäse darauflegen. Den Dill waschen, fein schneiden und mit der Sahne vermischen.
Über den Auflauf gießen und im Backofen ca. $^{3}/_{4}$ Stunden bei 200 °C überbacken.

Fisch-Gemüse-Ragout auf Dinkelnudeln

1 Zwiebel · 2 Karotten · 1 Fenchelknolle
$^{1}/_{2}$ Sellerieknolle · 2 Knoblauchzehen · 3 EL Butter
$^{1}/_{2}$ l Weißwein
$^{1}/_{4}$ l Wasser oder Fischsud (siehe Seite 116)
500 g Fischfilet
je $^{1}/_{2}$ TL Bertram, Muskat und Pfeffer
etwas Salz · frische Petersilie

Zwiebeln und Gemüse in feine Streifen schneiden oder raspeln, den Knoblauch durch die Presse drücken und alles in Butter andünsten. Mit Wein und Fischsud oder Wasser löschen, die Fischstücke dazugeben, würzen, salzen und 30 Minuten bei kleiner Hitze garziehen lassen.
Schmale Dinkelbandnudeln auf die Tellermitte geben, das Fisch-Gemüse-Ragout über die Nudeln ziehen, mit Petersilie garnieren und servieren.

Fischpfanne mit Dinkelkernotto

500 g Fischfilets vom Barsch, Hecht oder Zander
Saft von 1 Zitrone · etwas Salz
je $1/2$ TL Galgant, Bertram und Pfeffer · 2 Zwiebeln
4 EL Sonnenblumenöl · 200 g Dinkelkernotto
$3/4$ l Wasser · $3/4$ l trockener Weißwein · frische Petersilie

Die Fischfilets mit Zitronensaft säuern, salzen und würzen. Zwiebeln in heißem Öl andünsten, Dinkelkernotto zugeben, unter ständigem Rühren mitrösten. Sobald es etwas braun ist, mit kochendem Wasser übergießen und 20 Minuten weich kochen. Fischfilets in Stücke schneiden, mit Wein begießen und alles zusammen 10 Minuten ziehen lassen.
Mit den angegebenen Gewürzen abschmecken und mit Petersilie garnieren.

Fischbratlinge mit Kräuterbutter

4 Felchenfilets, Dorsch oder Rotbarsch
Saft von 1 Zitrone · etwas Salz
1 Tasse gekochte Dinkelkörner · 2 Zwiebeln
je 1 Bund Petersilie und Dill · 2 Knoblauchzehen
je $1/2$ TL Galgant, Bertram und Pfeffer · 2 Eier
3 EL Sonnenblumenöl · Kräuterbutter (siehe Seite 154)

Die Fischfilets in Würfel schneiden, mit Zitronensaft beträufeln, salzen und mit den gekochten Dinkelkörnern durch den Wolf drehen. Alle anderen Zutaten klein hacken, die Eier und Gewürze zugeben, alles gut mischen. Die Masse zu Küchlein formen und in heißem Öl goldbraun braten. Mit Kräuterbutter servieren.

Gemüse, Hülsenfrüchte und Getreidebeilagen

Artischocken mit Sauce vinaigrette oder einer Hollandaise

Pro Person 1 große Artischocke · Zitronensaft
Sauce nach Geschmack

Stiele und harte Blätter der Artischocken mit einer Schere abschneiden, die Edeldisteln waschen und 30 Minuten in Salzwasser mit einem Schuß Zitronensaft kochen; im Dampfdrucktopf reduziert sich die Kochzeit auf ca. 10 Minuten. Gut abtropfen lassen und mit Sauce vinaigrette oder einer Hollandaise (siehe Seiten 150 und 154) servieren. Blatt für Blatt wird abgezogen, in die Sauce getunkt und das fleischige Ende jedes Blattes mit den Zähnen abgestreift. Im Inneren entfernt man das sogenannte Heu mit einem scharfen Messer und verspeist den leckeren Artischockenboden ebenfalls mit Sauce.

Anmerkung: Hildegard hat zwar nicht die Artischocke, wohl aber die Distel beschrieben. Die Artischocke gehört zur selben Familie und hat cholesterinsenkende Eigenschaften – vorausgesetzt, man verzehrt sie als Betroffener nicht mit einer zu butterhaltigen Sauce!

Kastanienpüree

800 g frische oder 400 g getrocknete Eßkastanien
1 l Wasser · 1 TL brauner Zucker · 2 EL Butter

Die Kastanien auf der flachen Seite einschneiden und in kochendem Wasser 5 (die getrockneten) bzw. 20 Minuten (die frischen)

weich kochen. Möglichst heiß Schale und braune Haut entfernen. In einer Bratpfanne braunen Zucker rösten, mit 1 Tasse Wasser löschen, Kastanien dazugeben und 5 Minuten kochen. Nicht umrühren, da die Kastanien sonst zerfallen.
Mit heißer Butter übergießen. Die Kastanien im Mixer zerkleinern oder ganz servieren.

Variation: Zu den Kastanien geschälte, in Scheiben geschnittene Äpfel geben und mitkochen.

Gebratene Edelkastanien mit Zwiebeln

500 g Edelkastanien · 500 ml Wasser
500 g Zwiebeln, gewürfelt · 2 EL Sonnenblumenöl
1 Apfel · 2 Tassen Hühnerbrühe
1 Tasse Südwein (Portwein, Madeira oder Samos)
3 EL brauner Zucker
Salz, Griechenkleemischpulver

Frische Kastanien kreuzweise einschneiden, in kochendem Wasser 10 Minuten weich kochen, herausnehmen und sofort Schale und Haut entfernen. Zwiebeln in heißem Öl andünsten, den Apfel in Schnitze schneiden und mit den geschälten Edelkastanien dazugeben, mit Brühe und Wein löschen und 5 Minuten kochen. Mit Zucker, etwas Salz und Griechenkleemischpulver (Bockshornklee) abschmecken.

Glasierte Edelkastanien

500 g Edelkastanien · 2 EL Butter · 2 Zwiebeln
1 Tasse Hühnerbrühe

Die Kastanien rundum einritzen, auf dem Backblech mit etwas Wasser 10 Minuten bei 200 °C rösten, sofort schälen, auch die hellere Innenhaut entfernen.
Die Butter erhitzen, darin die geschälten, gewürfelten Zwiebeln dünsten, mit Brühe ablöschen und mit den Edelkastanien 10 Minuten weich schmoren. Mit gehackten Kräutern garnieren.
Zu Lamm, Geflügel oder Wild servieren.

Überbackenes Fenchelgemüse

4 Fenchelknollen · ½ l Brühe oder Salzwasser
etwas Zitronensaft und Weißwein · 1 Prise Zucker

FÜR DIE MEHLSCHWITZE:
½ Zwiebel · 30 g Butter · 40 g Mehl · ½ l Gemüsesud
grob geschnittenes Fenchelgrün · Salz · Bertram
Galgant · Muskat · Fenchelpulver · 2 EL Sahne
etwas Weißwein · 100 g Emmentaler
etwas Kreuzkümmel (Cumin)

Die Fenchelknollen putzen, halbieren und waschen, das Fenchelgrün aufbewahren. In Brühe oder Salzwasser mit etwas Zitronensaft und Wein sowie einer Prise Zucker 10–15 1 garen.
Für die Mehlschwitze die kleingeschnittene Zwiebel in Butter glasig dünsten, das Mehl darüberstreuen, mitrösten und mit Gemüsesud nach und nach ablöschen; dabei immer rühren. Aufkochen, ca. 5 Minuten köcheln und das Fenchelgrün zugeben. Mit Salz, Bertram, Galgant, Muskat und Fenchelpulver abschmekken; Sahne und einen Schuß Wein zugeben. Den Fenchel in eine gefettete Auflaufform schichten, den geriebenen Käse darüber

verteilen, etwas Kreuzkümmel darüberstreuen. Im Backofen bei 200 °C ca. 20–30 Minuten backen.

Gedämpfte Fenchelhälften

4 Fenchelknollen, in Hälften geschnitten · 1 EL Butter
etwas Salz · geriebener Parmesan · 1 Knoblauchzehe
½ Tasse Wasser

Die geputzten Fenchelhälften weich dämpfen, mit Salz und Parmesan bestreuen, mit heißer Butter begießen und den Knoblauch direkt darüberpressen. Dazu kann man auch eine Kräuter-Wein-Sauce (siehe Seite 152) servieren.

Mariniertes Gemüse

FÜR DEN SUD:
2 Tassen Hühnerbrühe · 1 Tasse Sonnenblumenöl
1 Tasse trockener Weißwein · 1 Bund Petersilie
2–4 Knoblauchzehen (je nach Größe) · 1 TL Salz
½ Tasse Zitronensaft · 1 TL getrockneter Thymian

FÜR DAS GEMÜSE:
Champignons, Zucchini, Karotten, grüne Bohnen,
Blumenkohl, Broccoli etc.

Die geschälten Knoblauchzehen für den Sud klein hacken, mit Salz zerdrücken. Mit allen anderen Zutaten zusammenrühren. Alle Gemüse nacheinander ca. 5–10 Minuten im Sud kernig weich kochen. Den Sud nach jeder Gemüsesorte nachwürzen. Die Marinade abkühlen lassen und das Gemüse darin 1 Tag – eventuell auch länger – ziehen lassen, danach dekorativ auf Platten anrichten.
Mariniertes Gemüse schmeckt zu Dinkelnudeln, Bratlingen, Felafel oder Kichererbsenpüree (siehe Seiten 138 und 139).

Gebackenes Kürbisgemüse

500 g Kürbis · flüssige Butter · Salz · Bertram · Galgant
Pfeffer · Muskat

Den Kürbis je nach Sorte schälen oder nur waschen, entkernen und in Stücke schneiden. Flüssige Butter mit Salz und den angegebenen Gewürzen mischen. Die Kürbisstücke auf ein gefettetes Blech legen und mit der Würzbutter bestreichen.
Bei ca. 180 °C etwa 20 Minuten backen.

Kürbisgemüse

1 Zwiebel, gewürfelt · 1 EL Sonnenblumenöl
1 kg Kürbis, geschält, entkernt und in Würfel geschnitten
1 Knoblauchzehe · etwas Salz
je $\frac{1}{2}$ TL Bertram, Muskat und Thymian
Petersilie, gehackt · 1 EL Dinkelmehl · saure Sahne
2 EL geriebener Parmesan nach Geschmack

Die Zwiebeln in heißem Öl andünsten, Kürbiswürfel zufügen, würzen und ohne Wasserzugabe weich braten. Mit zerdrücktem Knoblauch abschmecken und den Bratensaft nach Wunsch mit etwas Dinkelmehl und saurer Sahne binden. Wer möchte, kann das Gemüse noch mit Parmesan bestreuen und ganz kurz überbacken.
Schmeckt zu Käsespätzle (wie »Dinkelspätzle«, siehe Seite 143, mit geriebenem Emmentaler vermischt), Geflügel und Lamm.

Rote-Bete-Timbalen (Rezept Seite 133)

Gratinierte Zucchini oder Kürbisauflauf

Wie auf Seite 128 bereitete Zucchini oder anderes Kürbisgemüse in eine gefettete Auflaufform schichten, mit geriebenem Parmesan und Semmelbröseln bestreuen, mit Butterflöckchen besetzen und bei starker Oberhitze kurz überbacken.

Kürbisbratlinge mit Meerrettich

FÜR DIE BRATLINGE:

250 ml Hühner- oder Gemüsebrühe · 75 g Dinkelgrieß
75 g Dinkelflocken
ca. 400 g Kürbis · 1 Zwiebel · 2 EL Butter
Petersilie und Schnittlauch, feingehackt
50 g geriebener Parmesankäse · 1 Ei
1 Meerrettichwurzel · je ½ TL Bertram, Galgant
etwas Salz und Pfeffer · 2 Knoblauchzehen

Die Brühe aufkochen, über den Grieß und die Flocken gießen, ½ Stunde quellen lassen.
Den Kürbis schälen, ausnehmen und raspeln. Gewürfelte Zwiebeln in Butter andünsten, Kürbis dazugeben und unter ständigem Rühren glasig dünsten. Diese Masse mit dem Flockenbrei mischen. Kräuter, Käse, Ei, feingeriebenen Meerrettich und Gewürze dazugeben und alles miteinander verkneten. Zu Bratlingen formen, in Paniermehl wälzen. In Butter von beiden Seiten bei mittlerer Hitze goldbraun braten. Den Knoblauch ausdrücken und über die Bratlinge träufeln. Dazu schmeckt Dinkel-Kopfsalat (siehe Seite 159).

Gebratene Zucchini

500 g Zucchini, in Scheiben geschnitten
2 EL Sonnenblumenöl · 1 Zwiebel
je $^1/_2$ TL Galgant, Bertram · Pfeffer · etwas Salz
2 EL saure Sahne

Die geschälte, gewürfelte Zwiebel in heißem Öl andünsten, die vorbereiteten Zucchini dazugeben, einige Minuten unter ständigem Rühren schmoren, würzen und mit saurer Sahne verfeinern.

Gefüllte Zucchinischiffchen

4 große Zucchini · etwas Salz · Muskat · 1 Zwiebel
2 EL Sonnenblumenöl · $^1/_8$ l Brühe
Hühnerleberfüllung *(siehe Seite 97)*
geriebener Parmesan nach Wunsch

Die gewaschenen Zucchini halbieren, das Kerngehäuse mit einem Löffel entfernen, mit Salz und Muskat würzen und mit der gewürfelten Zwiebel in heißem Öl und etwas Brühe weich dünsten. Mit Hühnerleberragout füllen und nach Belieben mit Parmesankäse kurz bei 200 °C überbacken.

Glasierte Karotten

1 Zwiebel, gewürfelt · 2 EL Sonnenblumenöl
4–8 Karotten, gewürfelt · 2 EL brauner Zucker
je $^1/_2$ TL Galgant, Bertram, Griechenkleemischpulver (Bockshornklee)
2 Tassen Hühnerbrühe · frische Petersilie, gehackt

Die Zwiebelwürfel im heißen Öl andünsten, Karotten, Zucker und Gewürze dazugeben, die Brühe angießen und ca. 20 Minuten in geschlossener Pfanne weich kochen; gelegentlich umrühren. Die Karotten herausnehmen, die Brühe einkochen. Den Rückstand mit den Karotten mischen und mit Petersilie bestreuen.

Variation: Auf die gleiche Weise kann man glasierte Teltower Rübchen oder Pastinaken zubereiten.

Gemischtes Wurzelgemüse

je 500 g Teltower Rübchen, Steckrüben (Kohlrüben), Karotten und Pastinaken, alles geputzt, geschält und geschnitten
4 EL Sonnenblumenöl · 1 Zwiebel · 6 Knoblauchzehen
2 Tassen Hühnerbrühe
je ½ TL Galgant, Bertram, Griechenkleemischpulver (Bockshornklee)
½ Tasse Mandelsplitter · 1 Bund Petersilie

Alle Gemüse kleinschneiden und in Öl anbraten. Mit Brühe löschen, zum Kochen bringen und köcheln, bis das Gemüse weich ist. Mit den angegebenen Gewürzen abschmecken, mit Mandelsplittern vermischen und mit frischer, gehackter Petersilie bestreut servieren.

Teltower-Rübchen-Bratlinge

500 g Teltower Rübchen, geschält
2 Tassen gekochtes Dinkelkernotto · 1 Ei
je 1 TL Galgant, Bertram und Griechenkleemischpulver (Bockshornklee)
etwas Salz · 2 EL Semmelmehl · 3 EL Sonnenblumenöl

Die Rübchen mit der Gemüseraffel zerkleinern, die Rübenschnitzel mit allen Zutaten zu einem Brei verkneten, flache Bratlinge formen und von beiden Seiten in erhitztem Öl goldbraun braten.

Teltower Rübchen, gebraten

500 g Teltower Rübchen geputzt, geschält, geschnitten
2 EL Sonnenblumenöl · 2 Knoblauchzehen
je ½ TL Galgant, Bertram und weißer Pfeffer

Die Rübchenstücke 5 Minuten in Öl anbraten, die Gewürze zufügen, 3 Minuten ziehen lassen und mit zerdrücktem Knoblauch beträufelt als Gemüsebeilage servieren.

Rote-Bete-Timbale

(Foto Seite 129)

3–4 rote Bete · 100 g saure Sahne
Saft und abgeriebene Schale von ½ unbehandelter Zitrone
je 1 Msp Bertram, Galgant und Muskat
etwas Salz und Pfeffer · 2 Eiweiß · 2 EL süße Mandeln
1 EL Butter

Die Gemüseknollen in genügend Wasser ca. 2 Stunden weich kochen (im Dampfdrucktopf dauert es nur ca. 15 Minuten), mit kaltem Wasser abkühlen, schälen, klein schneiden und im Mixer pürieren. Saure Sahne dazugeben, mit Gewürzen abschmecken, steifgeschlagenen Eischnee, Zitronensaft und -schale darunterheben. Vier große Tassen mit Butter ausfetten, mit geriebenen Mandeln bestreuen und das Püree einfüllen. Die Tassen in den auf 180 °C vorgeheizten Backofen in ein Wasserbad stellen und ca. ½ Stunde backen. Die Timbalen auf einen Teller stürzen, mit Joghurt-Sahne-Sauce (siehe Seite 153 oder 154) und Knoblauchbrot servieren.

Variation: Kichererbsen-Timbalen aus 600 g Kichererbsenpüree, nach dem obigen Rezept mit Griechenkleemischpulver (Bockshornklee) hergestellt.

Rote-Bete-Gemüse

800 g rote Bete · Zitrone · Salz · Bertram
Kreuzkümmel (Cumin) · Zucker · 1 Glas Rotwein

Die rote Bete roh raspeln, in wenig Wasser mit Zitrone und Salz weich kochen. Mit einer Prise Zucker, Rotwein und den Gewürzen abschmecken.

Rote Bete mit Meerrettich

200 g rote Bete · 1 Apfel · 2 TL geriebener Meerrettich
1/2 Tasse Weinessig · 1 EL Zucker · Salz · etwas Kümmel

Rote Bete kochen und raspeln. Den Apfel ebenfalls fein raspeln, mit den roten Beten und dem Meerrettich verrühren. Essig, Zucker, Salz und Kümmel in einem Topf erhitzen, dabei ständig rühren, bis sich der Zucker gelöst hat. Nach 5 Minuten Kochzeit diese Lösung über die Rüben-Meerrettich-Mischung gießen und gut verrühren. Zugedeckt mindestens 12 Stunden im Kühlen stehenlassen, dabei mehrmals umrühren.

Rote Bete mit Apfel-Meerrettich-Creme

4 rote Bete · 125 g Quark · 1/8 l Milch · 1 saurer Apfel
2 EL Meerrettich
1/2 TL Griechenkleemischpulver (Bockshornklee)
2 EL Schnittlauchröllchen · frische Petersilie · etwas Salz
etwas Zitronensaft nach Wunsch

Die roten Bete waschen, in Alufolie wickeln und wie Kartoffeln im Ofen bei 200 °C weich backen. Erst hinterher schälen, damit sie nicht ausbluten.

Für die Füllung Quark mit Milch und Sauerrahm cremig rühren. Den Apfel schälen, reiben und sofort mit Meerrettich vermischen. Unter den Quark rühren, würzen und nach Belieben mit Zitronensaft abschmecken. Die gebackenen Knollen kreuzweise aufschneiden und mit der Creme füllen.

Gebackene Sellerieschnitzel

2 Sellerieknollen · Zitronensaft · Pfeffer und Salz
3 EL Dinkelmehl · 1 Ei · Paniermehl
2 EL Sonnenblumenöl

Die geputzten Sellerieknollen in Scheiben schneiden, mit Zitronensaft beträufeln, salzen, pfeffern und in Mehl wenden. Anschließend das Ei verschlagen und die Sellerieschnitzel zuerst darin, dann in Paniermehl wenden. In heißem Öl auf beiden Seiten langsam, also höchstens bei Mittelhitze, braten.

Spinat- oder Mangold-Variationen

Pro Person:
1 Zwiebel · 1 EL Sonnenblumenöl
250 g Spinat oder Mangold
je nach Saison eine Handvoll feingehackte Kräuter,
z. B. Brennessel, Beifuß, Brunnenkresse, Kerbel oder eine
kleine Handvoll frische Bachminze, Gundelrebe, Ysop u. a.
etwas Salz, Pfeffer und Muskat · 1 Knoblauchzehe

Gewürfelte Zwiebel in Öl andünsten, Spinat waschen und ohne Wasserzugabe mit den Zwiebeln weich dünsten, die Kräuter zufügen, mit Gewürzen abschmecken und die Knoblauchzehe darüber zerdrücken.

Mangold waschen, putzen, Wurzelansatz abschneiden und die Stiele von den Blättern trennen oder zusammen in feine Streifen schneiden.

Spinatpüree mit pochiertem Ei

Für 1 Person:
Zutaten wie oben, jedoch noch 1 EL Butter und
2 Eier zusätzlich

Den wie oben zubereiteten Spinat im Mixer pürieren und mit pochierten Eiern (siehe Seite 56) anrichten und sofort warm servieren.

Spinat- oder Mangoldauflauf

Spinat- oder Mangoldpüree aus ca.
800 g frischen Blättern
4 Eier · 50 g geriebener Parmesankäse · 1 EL Butter
etwas Pfeffer und Salz

Das abgekühlte Spinatpüree mit Eigelb mischen und steifgeschlagenes Eiweiß darunterheben. Mit Gewürzen abschmecken, Butter und Käse unterrühren und in einer gefetteten Backform bei 170 °C ca. 30 Minuten garen. Dazu schmecken Dinkelkörner (wie Reis gekocht, siehe Seite 141) und Geflügel.

Gefüllte Mangoldröllchen

250 ml Hühner- oder Gemüsebrühe · 75 g Dinkelgrieß
75 g Dinkelflocken · 1 Zwiebel · 2 EL Butter
50 g geriebener Hartkäse · 1 Ei
etwas Salz, Pfeffer und Muskat · 1 kg Mangold
Dinkelsemmelmehl · 4 EL saure Sahne (15 % Fett)
1 Knoblauchzehe

Brühe aufkochen und über Grieß und Flocken gießen, 30 Minuten quellen lassen.
Gewürfelte Zwiebel in Butter andünsten, Flockenbrei, Käse, Ei und Gewürze dazugeben und kurz durchkochen.
Mangold wie auf Seite 136 vorbereiten, die Mittelrippe herausnehmen oder flachschneiden und die halbierten Blätter auf eine mit Dinkelsemmelmehl bestreute Arbeitsfläche legen. Den Flockenbrei auf die Blätter streichen und kleine Röllchen formen. In einer gefetteten Auflaufform mit saurer Sahne bestreichen und bei mittlerer Hitze ca. 20 Minuten garen.
Die Knoblauchzehe darüber zerdrücken und mit Dinkelkörnern (wie Reis gekocht, siehe Seite 141) oder Dinkelspätzle (siehe Seite 143) servieren.

Bohnenkerngemüse

400 g Bohnenkerne

FÜR DAS WURZELWERK:
1 Karotte · $\frac{1}{2}$ Sellerie mit Blättern · 1 Zwiebel
30–40 g Butter · 1 Zwiebel · 20 g Dinkelmehl
$\frac{1}{4}$ l Bohnensud · Bertram · Galgant

Die Bohnenkerne verlesen, waschen, in kaltem Wasser über Nacht einweichen.

Im Einweichwasser mit dem vorbereiteten Wurzelwerk bei mäßiger Hitze in etwa 1 - 1 ½ Stunden weich kochen.
Die Butter erhitzen, darin die gewürfelte Zwiebel andünsten, das Mehl einstreuen, kurz mitdünsten und mit dem Bohnensud aufgießen. 5 - 10 Minuten kochen - die Einbrenne soll eine dickliche Beschaffenheit haben. Die Bohnen zugeben, salzen, mit Bertram und Galgant abschmecken und in der Sauce noch einmal aufkochen.

Kichererbsenpüree

400 g Kichererbsen · 30-40 g Butter · 1 Zwiebel
¼ l Wasser oder Milch · Salz · Bertram · Galgant
Pfeffer · Muskat · Sauerrahm

Die Kichererbsen am Vorabend einweichen, das Einweichwasser weggießen, in frischem Wasser weich kochen, anschließend durch den Fleischwolf drehen oder mit einem Handmixer pürieren. Im Schnellkochtopf dauert es 25-30 Minuten, bis eingeweichte Kichererbsen gar sind. Uneingeweicht muß man mit 40 Minuten rechnen. Beim normalen Kochen brauchen diese Hülsenfrüchte - je nach Qualität - 90-100 Minuten.
Die Butter erhitzen, die geschälte, gewürfelte Zwiebel darin dünsten, die Kichererbsenmasse zugeben und mit Wasser oder Milch ablöschen. Aufkochen, mit Salz, Bertram, Galgant, Pfeffer und Muskat würzen und mit Sauerrahm verfeinern.

Kichererbsenbratlinge/ Felafel

500 g Kichererbsen · $^{3}/_{4}$ l Salzwasser
2 Knoblauchzehen, gehackt und mit Salz zerquetscht
je 1 TL Galgant, Muskat, Kreuzkümmel, frische Petersilie
etwas Salz und Pfeffer · 2 EL Semmelbrösel
3 EL Sonnenblumenöl

Die Kichererbsen über Nacht in Salzwasser einweichen, das Wasser wegschütten und in der gleichen Menge frischem Wasser (ohne Salz) weich kochen (Garzeit siehe Seite 138). Kichererbsen, Kräuter und Gewürze durch den Wolf drehen, den Brei mit Semmelbröseln vermischen, zu kleinen Kugeln formen. In heißem Öl goldbraun backen. Mit Galgant-, Meerrettich-, Muskat- oder Knoblauchsauce (siehe Seiten 149/150) servieren.

Kichererbsen-Gemüse-Bratlinge

Gleiche Zutaten wie Felafel (siehe oben), in den Teig jedoch noch Gemüsestreifen aus gedünsteten Karotten, Fenchel, Zucchini, Sellerie oder Kürbis einarbeiten. Daraus flache Bratlinge formen und ausbacken.

Kichererbsen-Dinkel-Bällchen

300 g Kichererbsen · 8 EL Dinkelschrot

GEWÜRZE:
1 TL Kreuzkümmel (Cumin)
Bertram, Galgant und Muskat, nach Geschmack
je 1 Prise Salz und Pfeffer · 2 Knoblauchzehen
Sonnenblumenöl

Die Kichererbsen am Vorabend einweichen, Einweichwasser abgießen, mit frischem Wasser weich kochen (Garzeit siehe Seite 138). Durch den Fleischwolf passieren oder mit einem Handmixer pürieren.
Mit Dinkelschrot und den angegebenen Gewürzen zu einem Teig vermischen und zu 3 cm dicken Bällchen formen. Diese in Öl goldbraun backen.

Variation: Mit Gemüse (Zwiebel und Knoblauch mit Gemüsestreifen dünsten) vermischen.

Erbsenpüree

400 g getrocknete Erbsen · 2 EL Butter
etwas Salz und Pfeffer

Die Erbsen über Nacht in kaltem Wasser einweichen und im Einweichwasser bei kleiner Hitze $1\frac{1}{2}$–2 Stunden kochen, bis sie weich sind. Im Mixer pürieren, mit Butter mischen und mit Salz und Pfeffer würzen.
Schmeckt zu Lammfilet (siehe Seite 106) oder Geflügel.

Zwiebelkuchen

150 g Dinkelvollkornmehl · 75 g Quark
3 EL Sonnenblumenöl · 1 TL Backpulver · 75 ml Milch
etwas Salz und Pfeffer · 500 g Zwiebeln · 50 g Butter
1 Knoblauchzehe · 1/8 l saure Sahne (15 % Fett)
1 gehäufter EL Dinkelmehl · 2 Eier
etwas Salz, Pfeffer und Muskat

Mehl, Quark, Öl, Backpulver und Milch sowie etwas Salz und Pfeffer zu einem glatten Ölteig verkneten. Eine gefettete Springform damit auslegen, dabei den Rand ca. 2 cm hochziehen. Den Teig 30 Minuten ruhen lassen.
Die Zwiebeln in dünne Scheiben schneiden und in Butter andünsten. Den Knoblauch gehackt oder zerquetscht zufügen. Mit saurer Sahne, Mehl und Eiern vermischen, mit den Gewürzen abschmecken und auf dem Teig verteilen. Im vorgeheizten Backofen bei 175 °C auf mittlerer Schiene 30–40 Minuten backen. Warm servieren.
Dazu schmeckt Dinkelbier oder Wein.

Dinkel ist das beste Getreide

Dinkelkörner/Dinkelreis

1 Tasse Dinkelkörner (ca. 250 g)
2 Tassen Salzwasser (1/2 l)

Den Dinkel in kochendes Wasser geben, kurz aufkochen und bei kleiner Hitze 20–30 Minuten langsam ausquellen lassen. Heiß, eventuell mit etwas Butter, servieren. Zur Geschmacksverbesserung

nach Belieben Zwiebeln und Knoblauch oder einen Würfel Gemüsebrühe im Wasser mitkochen.
Die Dinkelkörner sollen – genauso wie perfekt gekochter Reis – noch bißfest sein!

Dinkelnudeln selbstgemacht

300 g Dinkelmehl · 3 Eier · 2 EL Sonnenblumenöl
2 EL Wasser · ½ TL Salz

ZUM KOCHEN:
3 l Wasser · 1 TL Salz · 1 EL Öl

Mehl, Eier, Öl und das im Wasser aufgelöste Salz zu einem glatten Teigballen verkneten und eine halbe Stunde ruhen lassen. In 4 Teile schneiden und jedes Stück wie einen Pfannkuchen ausrollen. Mindestens 2 Stunden austrocknen lassen, dann mit einem scharfen Messer zu Nudeln schneiden. Nochmals austrocknen lassen.
Zum Kochen das Wasser mit Salz und Öl zum Kochen bringen, die Nudeln in das sprudelnde Wasser geben und 3–4 Minuten bißfest kochen. Durch ein Sieb gießen und abtropfen lassen. Mit Sauce, Käse oder Ragout servieren.
Zum Einfärben nach Belieben frischen, gehackten Quendel, feingehackte Brennesseln, ebensolchen Spinat oder pürierte rote Bete in den Teig einarbeiten.

Dinkelspätzle

250 g Dinkelmehl · $\frac{1}{4}$ TL Salz · 3 Eier
etwas Wasser (ca. 1 dl) · reichlich kochendes Salzwasser
1–2 EL Sonnenblumenöl · kaltes Wasser · etwas Butter
geröstete Semmelbrösel oder Zwiebelringe

Mehl, Salz, Eier und Wasser mit den Knethaken eines Rührgeräts zu einem glatten Teig verrühren. Diesen in eine Spätzlepresse füllen. In reichlich kochendes Salzwasser drücken und köcheln lassen, bis die Spätzle oben schwimmen. Mit einem Schaumlöffel herausnehmen oder in ein Sieb schütten, kurz mit kaltem Wasser überbrausen, dann gut abtropfen lassen. Etwas Butter erhitzen, die Spätzle darin schwenken und mit gerösteten Semmelbröseln oder Zwiebelringen servieren.
Schmecken zu Gemüse, Geflügel, Wild oder Fisch.

Variante: Frische Kräuter nach Wahl oder ca. 80 g feingemahlene Mandeln unter den Teig mischen oder zum Schluß über das Gericht streuen.

Dinkelgrießklößchen

1. Art:
40 g Butter · 60 g Dinkelgrieß · 1 Ei
kochendes Salzwasser

2. Art (ohne Butter):
$\frac{1}{4}$ l Milch · etwas Salz · 80 g Dinkelgrieß · 1–2 Eier
Galgant · Muskat · kochendes Salzwasser

Für die 1. Art die Butter schaumig rühren, abwechselnd Grieß und Ei zurühren, abschmecken und eine Zeitlang quellen lassen. Einen Probekloß in das kochende Wasser legen, 5 Minuten leise sieden. Wenn er oben schwimmt und gut ist, nach und nach die restlichen Klößchen im Wasser garen.

Für die 2. Art die Milch aufkochen, etwas Salz und den Grieß einrühren, einen streifen Brei kochen, etwas abkühlen lassen. 1–2 Eier, Galgant und Muskat unterrühren. Einen Probekloß in kochendes Salzwasser einlegen, 5 Minuten leise köcheln lassen; wenn er gut ist, nach und nach die restlichen Klößchen im Wasser garen, bis sie oben schwimmen.
In Knochen- oder Gemüsebrühe als Suppeneinlage oder auch mit einer beliebigen Sauce servieren.

Saucen, Dips und Kräuterbutter

Saucen fördern das Zungenspitzengefühl

Saucen, Knoblauch, Salz und Wein,
dazu Pfeffer und Peterlein,
geben im richtigen Gemisch
die rechte Sauce auf den Tisch

Dinkelmehl ist ein ideales Eindickungsmittel für Saucen. Man kann es direkt zum Binden in Brühe oder Fond einrühren oder zuvor einbrennen oder auch mit Butter verkneten (Mehlbutter).

Dinkelmehl-Einbrenne (Mehlschwitze)

Dinkelmehl in der Pfanne oder auf dem Backblech unter ständigem Rühren anrösten, bis es Farbe bekommt. Das Mehl muß sehr langsam unter Rühren gebräunt werden. Dabei nie zu dunkel werden lassen, weil sonst die Sauce einen bitteren Geschmack bekommt. In eine Dose abfüllen und maximal 4 Wochen aufbewahren.
Beim Herstellen der Mehlschwitze muß die Flüssigkeit zum Ablöschen immer zuerst mit dem Schneebesen glattgerührt werden, bevor die nächste Portion dazukommt, damit sich das Mehl gut auflösen kann. Danach bringt man das Kochgut zum Kochen und schmeckt erst ganz zum Schluß die fertige Sauce mit Salz und Gewürzen ab. Eine ganz feine, glatte Sauce erhält man erst, wenn man sie durch ein Haarsieb passiert.

Dinkelmehlschwitze, dunkel

200 g Dinkelmehl · 100 g Butter

Butter bei mittlerer Hitze zerlassen, Mehl hineinstreuen und so lange unter ständigem Rühren anrösten, bis es braun wird. Die Dinkelmehlschwitze kann auf Vorrat zubereitet werden. Dazu die Butterschwitze abkühlen lassen, in kleine Klöße formen und im Kühlschrank aufbewahren. Man kann auch im voraus bereits gehackte Kräuter dazugeben oder die Standardgewürze Bertram, Galgant, Quendel oder Muskat in die Schwitze einarbeiten und aufbewahren.
Aus dieser Mehlschwitze kann man eine braune Grundsauce mit Kalbsfußbrühe (siehe Seite 60) herstellen. Sie paßt zu Fleisch und Geflügel.

Dinkelmehlbutter

200 g Dinkelmehl · 100 g Butter

Zimmerwarme Butter mit Dinkelmehl verkneten. Eine Rolle formen und im Kühlschrank aufbewahren. Bei Bedarf 1 EL pro $\frac{1}{4}$ l Sauce in Brühe, Suppe oder Gemüsefond geben, mit dem Schneebesen unterrühren und nochmals kurz aufkochen, bis die Brühe zu einer Sauce gebunden ist.
Dazu passen die Standard-Hildegard-Gewürze, nämlich Bertram, Galgant, Quendel und Muskat.
Diese Zubereitung paßt zu fast allen Gerichten mit Fisch, Geflügel oder Gemüse.

Blitzsauce

Zur Herstellung einer **weißen Grundsauce,** einer **Weißwein-** oder **Rotweinsauce,** einer **Béchamel-** oder **Sahnesauce.**

1 EL Butter · 1 Zwiebel
wahlweise $^{1}/_{4}$ l Wasser oder Milch (Béchamelsauce)
$^{1}/_{4}$ l Weiß- oder Rotwein (evtl. mit Wasser gemischt)
bzw. $^{1}/_{2}$ Becher Sahne
2 EL Dinkelmehl, mit kaltem Wasser angerührt
Bertram · Muskat · etwas Salz

Butter bei mittlerer Hitze zerlassen, gewürfelte Zwiebel darin andünsten, mit Wasser oder Milch bzw. Wein oder Sahne unter ständigem Rühren ablöschen, die Wasser-Mehl-Mischung hineinrühren, würzen. 10 Minuten lang kochen. Kurz vor dem Anrichten mit einem Schneebesen durchschlagen und noch einmal abschmekken.

Variationen:

Kalbssauce

$^{3}/_{4}$ l Kalbsfußbrühe (siehe Seite 60) · 2 EL Butter
2 EL Dinkelmehl · etwas Salz
je 1 TL Bertram und Muskat · 1 EL Zitronensaft
50 ml Sahne · 1 Eigelb

Dinkelmehl in Butter unter Rühren hell anschwitzen, mit Brühe ablöschen, glattrühren und gut aufkochen. Würzen, die Sahne mit dem Eigelb verquirlen und die Sauce damit verfeinern.

Knoblauchsauce

2–3 Zehen Knoblauch · 2 EL Butter · 2 EL Dinkelmehl
Salz und Pfeffer · ½ l Gemüse- oder Kalbsfußbrühe
50 ml Sahne
frische Kräuter wie Schnittlauch oder Petersilie
nach Geschmack

Den geschälten, feingehackten oder zerdrückten Knoblauch in der zerlassenen Butter andünsten, das Mehl einstreuen, hell anschwitzen, die Brühe nach und nach angießen, einige Minuten durchkochen. Leicht salzen und pfeffern, die Sahne einquirlen und die gewünschten gehackten Kräuter einstreuen.

Béchamelsauce

Die Lieblingssauce des Sonnenkönigs!

1 EL Butter · 1 Zwiebel · 1 EL Dinkelmehl · ½ l Milch
je 1 Msp Bertram und Muskat · etwas Salz
frische Petersilie nach Geschmack

Die Butter schmelzen. Die gewürfelte Zwiebel darin hell andünsten. Das Mehl einrühren und kurz anschwitzen. Nach und nach mit Milch löschen, glattrühren und ca. 10 Minuten kochen. Würzen und nach Wunsch mit Petersilie dekorieren.
Die Béchamel hat keinen großen Eigengeschmack, bringt dafür aber um so besser den Geschmack von Gemüse, Fleisch, Geflügel und Fisch zur Geltung.

Quendel-, Galgant- oder Muskatsauce

40 g Butter · 40 g Dinkelmehl · ½ l Milch · 1 Zwiebel
ca. 2 TL Quendel (Galgant oder Muskat) · Salz
Bertram · Kreuzkümmel (Cumin)
Rotwein zum Abschmecken

Die Butter schmelzen, die geschälte, gehackte Zwiebel darin weichdünsten, dabei darauf achten, daß sie hellgelb bleibt. Mit Mehl überstäuben, einige Minuten anschwitzen, dann nach und nach mit Milch aufgießen und gut durchkochen. Dabei immer wieder rühren. Je nach Art der Sauce reichlich Quendel, Galgant oder Muskat hinzufügen, außerdem mit Salz, Bertram und Kreuzkümmel würzen. Mit Rotwein abschmecken.

Blitz-Hollandaise

40 g Butter · 40 g Dinkelmehl
¼ l heiße Brühe (das kann Fleischbrühe, Gemüsekochwasser oder auch Fischsud sein)
¼ l Milch · Salz · Muskat · Zitronensaft · 1 Eigelb
20 g Butter

Die Butter erhitzen, das Mehl einrühren und gut durchschwitzen lassen. Unter ständigem Rühren nach und nach die heiße Brühe und anschließend die Milch zufügen. 5 Minuten kochen, mit Salz, Muskat und Zitronensaft abschmecken. Zum Schluß das verquirlte Eigelb und die 20 g Butter mit dem Schneebesen unterrühren.
Statt der Zitrone kann auch der Saft einer Blutorange verwendet, statt der Butter zum Schluß noch saure Sahne zugegeben werden. Schmeckt zu Fisch, Spargel und anderem Gemüse, besonders Artischocken oder Geflügel.

Anmerkung: Bei diesem Rezept handelt es sich übrigens um die »falsche Hollandaise«, denn für die echte würde die fünffache Menge an Butter benötigt, und wir wollen unsere Blutfettwerte doch nicht unnötig nach oben treiben!

Tip: Mit 2 EL geriebenem Meerrettich und einer Prise Zucker vermischt wird daraus eine feine **Meerrettichsauce.**

Sahnesauce

Zu Fisch, Geflügel und Dinkelteigwaren.

$\frac{1}{4}$ l Weißwein · 1 Zwiebel · $\frac{1}{8}$ l Sahne · 1 EL Butter
etwas Salz und Pfeffer · Bertram
$\frac{1}{4}$ l saure Sahne

Den Weißwein in einer Kasserolle mit der Zwiebel bei starker Hitze zum Kochen bringen und zur Hälfte einkochen. Die Schlagsahne dazugeben und bei mittlerer Hitze die Butter einrühren. Mit Salz und Gewürzen abschmecken und mit saurer Sahne verfeinern.

Variationen:

Käsesauce

Statt der Kräuter ca. 80 g geriebenen Emmentaler oder 50-75 g geriebenen Parmesan in die weiße Sahnesauce einrühren. Schmeckt zu Dinkelnudeln oder Gemüse.

Kräuter-Wein-Sauce

Zu der weißen Sahnesauce (Seiten 148 oder 151) zum Schluß noch 2 EL frisch gehackte Kräuter, z. B. Brunnenkresse, Bachminze, Brennessel, Poleiminze, Basilikum, Kerbel, Petersilie, Quendel, Salbei, Beifuß, Schnittlauch, Dill, Ysop etc. dazugeben. Schmeckt ausgezeichnet zu Fisch, Geflügel und Dinkelnudeln.

Hühnerlebersauce

300 g Hühnerleber · 3 Zwiebeln · 3 EL Sonnenblumenöl
3 EL Dinkelmehl · 1/4 l Hühnerbrühe · 1/8 l Wein
1 EL Weinessig · je 1/2 TL Bertram, Galgant oder Ysop
etwas Salz und Pfeffer · 3 EL saure Sahne

Leber waschen, trockentupfen und kleinschneiden. Zwiebeln würfeln und in heißem Öl andünsten, Leber dazugeben und unter ständigem Wenden anbraten. Mit Mehl bestäuben und mit der Brühe löschen. Wein und Essig hinzufügen, würzen und weitere 5 Minuten köcheln lassen; mit Sahne verfeinern.
Sehr gut zu Dinkelkernotto oder Dinkelteigwaren.

Apfelsauce

250 g Äpfel · 1/2 l Wasser oder Wein
2 EL Zitronensaft oder Orangensaft
1–2 TL brauner Zucker · 2 TL Zimt

Alle Zutaten zu einem Mus verkochen und pürieren. Schmeckt sehr lecker zu Geflügel.

Variation: Anstelle der Äpfel eine andere Obstsorte verwenden, beispielsweise Preiselbeeren zu Wild, Johannisbeeren zu Lamm,

Wild oder Pute, Himbeeren zu Dinkelgrieß oder Quarkspeisen, Kornelkirschen zu Dinkelgrieß, Hagebutten zu Dinkelgrieß oder Quark, Quitten zu Wild und Geflügel.

Mandelsauce

100 g Mandeln · 2 Knoblauchzehen
Saft von 2 Zitronen · 100 ml Brühe oder Wasser
je ½ Msp Salz und Pfeffer

Die Mandeln überbrühen, schälen und mit den zerdrückten Knoblauchzehen, Zitronensaft, Brühe, Salz und Pfeffer pürieren. Gut abschmecken; zu Bratlingen und Felafel (siehe Seite 139) servieren.

Joghurt-Kräuter-Dip

250 g Joghurt · 100 g Quark · ¼ Becher saure Sahne
2 Zehen Knoblauch · ½ Bund Schnittlauch
½ Bund Petersilie · Zitronenmelisse · Poleiminze
Bachminze · Salz · Pfeffer · Bertram · Galgant

Joghurt mit Quark und saurer Sahne mischen. Den Knoblauch schälen und durchpressen oder zerdrücken. Die Kräuter waschen, fein hacken und untermischen. Mit Salz, Pfeffer, Bertram und Galgant abschmecken.
Zu Gemüse, Dinkelbratlingen oder Dinkelsalzgebäck reichen.

Joghurt-Salatsauce

100 g Joghurt · 1 EL Zitronensaft · 1 EL Sauerrahm
1 Knoblauchzehe, zerdrückt
frische, feingehackte Petersilie · Schnittlauchröllchen
½ Zwiebel, feingehackt, angedünstet · Salz · Pfeffer

Alle Zutaten zusammenrühren und gut abschmecken. Eignet sich für Blattsalat, Wurzel- und Rübensalat, Rote-Bete- und Selleriesalat.

Weinessig-Kräuter-Sauce/ Sauce vinaigrette

Die klassische Salatsauce nach Hildegard.

¾ Tasse Sonnenblumen- oder Mandelöl
¼ Tasse Weinessig oder Zitronensaft
1 Knoblauchzehe, zerdrückt · Petersilie · Dill
1 Prise Salz · 1 EL brauner Zucker

Öl und Weinessig in einem Schraubglas verschütteln, die feingehackten Kräuter und den Knoblauch zugeben, mit Salz und Zucker abschmecken.

Kräuterbutter

500 g Butter · 15 g Salz · 5 g Pfeffer
30 g Kräuter (Petersilie, Schnittlauch, Liebstöckel, Kerbel etc.)
1–2 Knoblauchzehen · einige Tropfen Zitronensaft

Die zimmerwarme Butter schaumig rühren, Salz, Pfeffer und die feingehackten Kräuter unterrühren, den geschälten, mit Salz zerdrückten Knoblauch sowie den Zitronensaft zufügen. Mit einem Spritzbeutel kleine Häufchen spritzen und diese auf Vorrat einfrieren. Die Kräuterbutter schmeckt sehr gut zu Dinkelbratlingen (siehe Seite 77).

Vanillesauce

3–4 EL Dinkelmehl · 1 Eigelb · ½ l Milch
½ Stange Vanille · 2 EL brauner Zucker
etwas Salz

Mehl und Eigelb mit etwas Milch verquirlen, die restliche Milch, ausgekratzte Vanille, Zucker und Salz hinzugeben, einmal kurz aufkochen, ausschalten und unter Rühren erkalten lassen.
Schmeckt zu Dinkelgrießbrei oder Obst.

Salat

ist immer dabei

Die Kunst, Salat richtig anzumachen ist der beste Schutz vor Verdauungsstörungen und Gedächtnisschwäche. Zur Salatsauce gehört immer Weinessig - in Maßen zugegeben, viel Öl, vor allem Sonnenblumenöl, Mandelöl, Walnußöl oder Kürbisöl, aber kein Olivenöl, das nach Hildegard ein »Kotz- und Brechmittel« ist. Ein spanisches Sprichwort sagt: »Man braucht für einen guten Salat vier Personen: einen Verschwender für das Öl, einen Geizkragen für den Weinessig, einen Weisen für das Salz und einen Tollhäuser, um alles miteinander zu vermischen.«
Das Geheimnis des guten Salates liegt in der mit Liebe zubereiteten Salatsauce, wobei wir meistens butterweich gekochte Dinkelkörner daruntermischen.

Essig-Öl-Sauce

1 Teil Weinessig, 2 Teile Sonnenblumenöl, etwas brauner Rohrzucker, 1 Msp Salz, 3 EL butterweich gekochte Dinkelkörner, Pfeffer, Knoblauch, Dill oder gedünstete Zwiebeln zum Würzen

Sahnedressing

1 Teil Weinessig, 3 Teile saure Sahne, etwas Öl, Salz, Pfeffer und Kräuter

Roquefortdressing

1 Teil Weinessig, 2 Teile Sonnenblumenöl, Roquefort-Käse oder Schafskäse über den Salat krümeln

Beliebte Salatkräuter:

Petersilie, Dill, Schnittlauch, Brunnenkresse, Gundelrebe.

Bohnenkernsalat

300 g kleine weiße Bohnenkerne
1 feingehackte Zwiebel

FÜR DIE MARINADE:
4-6 EL Essig · 1/4-1/8 l heiße Gemüsebrühe · Salz
1 Prise Zucker · 2-3 EL Öl

Die Bohnen in einem Sieb waschen, über Nacht einweichen, im Einweichwasser ca. 1-1 1/2 Stunden garen. Die Bohnenkerne noch heiß mit gedünsteter Zwiebel vermischen und mit heißer Marinade anmachen.
Das Öl erst zum Schluß zugeben.

Kopfsalat mit Dinkelkörnern

Fördert die Durchblutung.

1 grüner Salat
3 EL gekochte Dinkelkörner (siehe Seite 141)

FÜR DIE MARINADE:
3 EL Öl · 2 EL Zwiebelwürfel · 3 EL Wasser
1 EL Weinessig · 1/2 TL Zucker · 1/2 TL Salz · Galgant
Bertram · 1 Knoblauchzehe · 1-2 Stengel Poleiminze
Schnittlauch · Petersilie · Liebstöckel · Zitronenmelisse
evtl. Salbei

Den Salat putzen, waschen und klein rupfen.
Für die Marinade das Öl erhitzen, die Zwiebelwürfel darin andünsten, mit Wasser und Essig ablöschen. Zucker, Salz, Galgant, Bertram und zerdrückten Knoblauch zufügen. Den Salat damit anmachen, die Dinkelkörner und die gehackten Kräuter darüberstreuen.

Dinkelkörnersalat mit Kürbis

150 g gekochte Dinkelkörner (siehe Seite 141)
1 gewürfelte Zwiebel · 1 Becher Hüttenkäse
1 Tasse süßsauer eingelegter Kürbis, in Stücke geschnitten
1 Handvoll Kerbel oder Petersilie

FÜR DIE MARINADE:
3 EL Sonnenblumenöl · Saft von 1 Zitrone · Salz · Pfeffer
Bertram · Galgant · Poleiminze
1 Zehe Knoblauch, mit Salz zerquetscht

Die Zwiebelwürfel im erhitzten Öl dünsten, die frischen Kräuter fein hacken. Die Zutaten für die Marinade mit den gedünsteten Zwiebeln und dem Öl vermischen. Alles zusammen zu einem Salat vermengen und abschmecken.

Dinkel-Rote-Bete-Salat

1 Tasse gekochte Dinkelkörner (siehe Seite 141)
1–2 rote Bete · 1 säuerlicher Äpfel
1 EL frisch geriebener Meerrettich · Saft von 1 Zitrone
1 EL gehackter Kerbel oder Petersilie
1 Msp Bertram und Galgant · etwas Salz und Pfeffer

Die roten Bete putzen, ohne die Haut zu verletzen, da sie sonst ausbluten. In kaltem Salzwasser aufsetzen und ca. 80 Minuten köcheln, bis sie weich sind. Erheblich schneller geht es natürlich im Dampfdrucktopf, wo Sie mit einer Garzeit von 12–15 Minuten, je nach Größe der Knollen, rechnen müssen.
Die Knollen schälen, in Stücke schneiden und mit Meerrettich bestreuen. Den Apfel in Schnitze teilen und in Zitronenwasser blanchieren. Nun alle Zutaten miteinander vermischen, würzen und mit etwas Sonnenblumenöl beträufeln.

Kastanien-Dattel-Apfel-Salat

500 g Edelkastanien, 15 Minuten auf dem Backblech (200 °C) gegart und noch heiß geschält
3 Tassen Hühnerbrühe · 1 Liebstöckelblatt
1 Karotte, gewürfelt · 3 Zwiebeln, gewürfelt
250 g Datteln, in Würfel geschnitten · 2 große rote Äpfel
1 Knoblauchzehe · 2 TL Zitronensaft
1 TL Galgantpulver · Pfeffer · 1/3 Tasse Sonnenblumenöl

Zwiebeln mit Liebstöckel, Karotten und Edelkastanien in der Hühnerbrühe 10–15 Minuten weich kochen, abgießen und mit den Datteln und den in Stücke geschnittenen Äpfeln vermischen. Sonnenblumenöl, geschälten Knoblauch, Zitronensaft, Galgant, Salz und Pfeffer mixen, über den Salat gießen und 5 Minuten marinieren.

Fenchel-Apfel-Salat

1/2 Tasse Mayonnaise · 2 EL Zitronensaft · 2 TL Galgant
wenig Salz · 1 Prise brauner Zucker · 1 TL Senf
1 Fenchelknolle, geschnitten
2 Äpfel, in Scheiben geschnitten
1 Orange, geschält und in Scheiben geschnitten
1/2 Kopfsalat

Mayonnaise, Zitronensaft, Gewürze und Senf mixen, über Fenchel-, Apfel- und Orangenscheiben gießen. Etwa 20 Minuten ziehen lassen, eventuell nachwürzen und auf Salatblättern servieren.

Fenchelsalat mit Orangen und Käse

(Foto Seite 163)

2 Fenchelknollen · 2 Orangen · 2 Äpfel rot und grün
100 g Appenzeller Käse · 1 Becher Joghurt
1 EL Mandelöl · je 1 TL Galgant, Bertram · etwas Salbei
2 TL Zitronensaft · 1 EL Honig · 50 g Mandelsplitter

Fenchel in Streifen schneiden und das Fenchelgrün zum Garnieren aufbewahren. Den Saft einer Orange ausdrücken, die andere Orange schälen und in Scheiben schneiden. Die Äpfel in Würfel schneiden, ebenso den Käse. Alle Zutaten mischen.
Aus Joghurt, Öl, Gewürzen, Zitronensaft und Honig eine Marinade herstellen und über den Salat gießen. Mit Fenchelgrün und Mandelsplittern garnieren.

Fenchel-Orangen-Mandel-Salat

2 Fenchelknollen · 2 Orangen
2 Schalotten, fein geschnitten · 1 EL Zitronensaft
1/4 Tasse Mandelöl · 1 EL Honig · Salz · Pfeffer
Galgant · Bertram · 1/2 Tasse Mandelsplitter

Fenchel in Streifen schneiden, das Fenchelgrün zum Garnieren aufbewahren. Den Saft einer Orange ausdrücken, die andere Orange schälen und in Würfel schneiden. Fenchelstreifen, feingeschnittene Schalotten und Orangenwürfel vermischen.
Aus Zitronensaft, Orangensaft, Öl, Honig und Gewürzen eine Marinade herstellen und über den Salat gießen. Mit Mandelsplittern garnieren.

Fenchelsalat mit Orangen und Käse (Rezept Seite 162)

Rettichsalat

1 großer Rettich · 1 EL Zitronensaft · etwas Salz
½ Tasse Sauerrahm (15% Fett)

Den Rettich schälen und raspeln. Mit Zitronensaft und Salz vermischen und mit Sauerrahm übergießen.
Paßt zu Dinkelbutterbrot oder Dinkelpfannkuchen (siehe Seite 75).

Hühnersalat mit Maronen und Äpfeln

200 g gekochte Edelkastanien · 1 EL Butter
400 g in Streifen geschnittenes, gebratenes oder gekochtes Hühnerfleisch
2–3 säuerliche Äpfel · 1 Salatkopf · 4 EL süße Sahne
3 EL Joghurt · 4 EL Sonnenblumenöl · Saft von 1 Zitrone
etwas Salz · Zucker · Pfeffer · 2 Knoblauchzehen
Salatblätter für die Garnitur

Gekochte Edelkastanien (siehe Seite 124) in der Butter bräunen, mit dem Hühnerfleisch mischen und die Apfelschnitze dazugeben. Aus Sahne, Joghurt, Sonnenblumenöl und Zitronensaft eine Salatsauce herstellen und mit den Gewürzen abschmecken. Die Knoblauchzehe ausdrücken und mit der Sauce über den Hühnersalat geben. Vermischen, kurz durchziehen lassen und auf Salatblättern anrichten.

Hähnchen-Kastanien-Salat

1 Tasse gekochtes, zerkleinertes Hähnchenfleisch
½ Tasse gekochte, zerkleinerte Edelkastanien
1 Tasse gekochter Sellerie, in Würfel geschnitten
2 hartgekochte Eigelb · ½ Tasse Ananasstückchen
½ Tasse Mayonnaise oder fertige Salatsauce
Salz und Pfeffer nach Bedarf

Alle Zutaten zu einem Salat zusammenmengen und abschmecken.

Geflügel-Obst-Salat

500 g gekochtes Geflügelfleisch · 2 Orangen
2 Bananen · 2 hartgekochte Eier · 50 g Walnüsse
50 g gekochte Dinkelkörner

FÜR DIE MARINADE:
Zitronensaft · Salz · etwas Zucker · 2–3 EL Geflügelbrühe

FÜR DIE MAYONNAISE:
1 frisches Eigelb · Salz · 1 TL Senf · ⅛ l gutes Öl
1 EL Zitronensaft oder Essig · 1 Prise Zucker
Kräuter nach Geschmack · 2–3 EL Sahne
Hildegardgewürze: Galgant, Bertram, Poleiminze, Griechenkleemischpulver

Das Fleisch in kleine Würfel, die Früchte in Scheiben schneiden. Die Nüsse grob hacken. Alle Zutaten locker mischen, mit der Marinade begießen und durchziehen lassen.
Für die Mayonnaise das Eigelb mit Salz und Senf salbig rühren, das Öl tropfenweise unterrühren, bis die Masse dick wird. Zitronensaft oder Essig sowie beliebige gehackte Kräuter zufügen.
Den Salat mit der Mayonnaise anmachen und mit den Hildegardgewürzen abschmecken. Mit frischen Kräutern und eventuell Orangenscheiben garnieren.

Pastinaken-Karotten-Salat

1 Pastinake · 3 große Karotten · 1 Zucchino · 2 Äpfel
2 TL frische, gehackte Minze · einige Stengel Petersilie
½ Tasse Vinaigrette (siehe Seite 154)

Pastinake, Karotten und Zucchino schälen, in Scheiben schneiden und in Wasser kernig weich kochen. Abtropfen lassen. Die Äpfel gut waschen und in Scheiben schneiden. Die Petersilie hacken. Alle Zutaten mit der Salatsauce anmachen und kurz durchziehen lassen. Vor dem Servieren noch abschmecken.

Rote-Bete-Salat mit Äpfeln und Meerrettich

300 g rote Bete, gekocht · 3 Äpfel
3 TL frischer, geriebener Meerrettich
Joghurtsauce (siehe Seite 154)
Petersilie für die Garnitur

Zuerst die Joghurtsauce zubereiten.
Gekochte rote Bete in Scheiben schneiden und mit gedünsteten Apfelschnitzen vermischen. Meerrettich in die Joghurtsauce rühren und über den Salat gießen.
Mit Petersilie garnieren.

Geflügelsalat nach Waldorf-Art

2 säuerliche Äpfel · Saft von 1 Zitrone
250 g gegarter Knollensellerie
300 g gegarte, feingeschnittene Hühner- oder Putenbrust
etwas Muskat, Galgant, Salz und Pfeffer
3 EL Mandelpüree (siehe unten)
3 EL Sahne · Saft von 1 Orange
100 g Mandelsplitter · einige Salatblätter

Äpfel in Schnitze schneiden und sofort mit Zitronensaft begießen, damit sie schön weiß bleiben. Mit gekochtem, in Würfel geschnittenem Sellerie mischen. Hühnerfleisch zugeben, mit Gewürzen abschmecken und im Kühlschrank 30 Minuten ziehen lassen. In der Zwischenzeit das Mandelpüree mit geschlagener Sahne mischen, Orangensaft darunterheben und über den Salat ziehen. Auf Salatblättern servieren und mit Mandelsplittern garnieren.

Für das **Mandelpüree** 100 g überbrühte, abgezogene Mandeln mit 50 ml Wasser und einer Prise Salz im Mixer oder mit einem Pürierstab zermusen.
Den Rest in einem Schraubglas im Kühlschrank aufbewahren und als Brotaufstrich verwenden.

Desserts

glanzvoller Abschluß

Gedünstete Äpfel mit Mandelsauce

4 Äpfel · $^1/_8$ l Apfelsaft oder Wein · $^1/_8$ l Wasser
50 g Rohrzucker · etwas Vanille

FÜR DIE MANDELSAUCE:
50 g gemahlene Mandeln · knapp $^1/_2$ l Milch
etwas Vanille · 2 EL Zucker · 2 EL Dinkelmehl
50 ml kalte Milch

Die Äpfel schälen, Kerngehäuse ausstechen. Die Früchte in Apfelsaft oder Wein und Wasser, mit Zucker und Vanille ca. 5–10 Minuten dünsten, auf Dessertteller setzen und mit Mandel- oder Vanillesauce begießen.
Für die Mandelsauce die Mandeln im Topf rösten, bis sie hellbraun sind. Mit vanillierter Milch auffüllen, Zucker zugeben und unter Rühren zum Kochen bringen. Das Mehl in der kalten Milch glattrühren, in die kochende Milch einrühren, aufkochen und über die Äpfel gießen.

Äpfel mit Himbeersauce

4 Äpfel · 150 g Himbeeren · 6 TL Wasser · 2 TL Honig
1 TL Ysop · etwas Zimt

Gewürze und Honig im Wasser erwärmen. Die Äpfel schälen und in Hälften schneiden. 20 Minuten in der Flüssigkeit weich kochen. Die Apfelstücke mit einem Schaumlöffel herausnehmen und in Schälchen verteilen. Die Himbeeren bis auf einige schöne Exemplare in der Kochflüssigkeit pürieren und über die Apfelhälften gießen. Mit frischen Ysopzweiglein und einigen Himbeeren garnieren.

Variation: Statt der Äpfel können auch Birnen verwendet werden.

Äpfel in Gewürztraminer

4–6 Äpfel · $1\frac{1}{2}$ Tassen Gewürztraminer
$1\frac{1}{2}$ Tassen Wasser · 150 g Rohrzucker · 1 Zimtstange
1 Gewürznelke · 1 unbehandelte Zitrone · Mandelsplitter

Wein mit Wasser, Zucker, Zimt und Gewürznelke erwärmen.
Die Äpfel gut waschen und mit einem Ausstecher entkernen; in Scheiben schneiden. Nach Wunsch die Äpfel statt dessen vierteln, entkernen, schälen und in Stücke teilen. Die gut gewaschene Zitrone samt der Schale in Scheiben schneiden. Apfel- und Zitronenscheiben im Wein-Wasser-Gemisch auf kleiner Flamme köcheln lassen, bis sie weich, aber nicht matschig sind. Die Zimtstange entfernen, die Äpfel auf Schälchen verteilen und mit dem Saft übergießen. Mit Mandelsplittern bestreut servieren.

Kastanien-Sahne-Dessert

Für 6 Personen:
1 kg Edelkastanien · 1 Tasse Milch · 1 Tasse Wasser
$\frac{1}{2}$ aufgeschnittene Vanillestange · 1–2 EL Rohrzucker
4 dl Sahne · 1 Päckchen Vanillezucker

Die Kastanien auf der flachen Seite mit einem spitzen Messer etwas einschneiden und mit 3 dl Wasser ca. 6 Minuten zugedeckt kochen. Alsdann möglichst heiß schälen, in eine Kasserolle geben, zur Halfte mit dem Milch-Wasser-Gemisch auffüllen und unter Zugabe der Vanillestange weich kochen. Vor dem Anrichten zukkern, die Vanille entfernen, die Kastanien durch die Kartoffelpresse drücken, nach Bedarf mit gekochter Milch oder mit etwas Sahne verdünnen und das Püree direkt durch den Fleischwolf (oder die Kartoffelpresse) auf die Servierplatte drehen. Nach dem Auskühlen mit der steifgeschlagenen, mit etwas Vanillezucker parfümierten Sahne garnieren.

Kastaniencoupe

Für 6 Personen:
Kastanienpüree (siehe vorhergehendes Rezept)
Apfelmus · etwas Rum · 1–2 dl Sahne

In Coupegläser bis etwa zur Hälfte mit Rum parfümiertes Apfelmus füllen, mit Kastanienpüree zudecken, das direkt durch eine Kartoffelpresse darübergegeben wird und jeweils mit einer Schlagsahnehaube garnieren.

Kastanienpyramide

(Foto Seite 181)

Für 6 Personen:
Kastanienpüree (siehe Seite 171)
mit Rohrzucker vermischtes Kakaopulver · 3 dl Sahne
1 Päckchen Vanillezucker

Das Kastanienpüree zu walnußgroßen Kugeln formen, diese in gezuckertem Kakaopulver wälzen und pyramidenartig auf einer Glasschale anrichten. Zwischen die Kugeln mit einem Spritzbeutel Schlagsahnetupfer setzen.

Maronen in Weinsauce

500 g Edelkastanien · 250 g Rohrzucker
Saft von 1 Zitrone · ca. 60 ml Wasser · 1/8 l Weißwein

Kastanien tief einschneiden und im heißen Ofen ca. 10 Minuten rösten. Noch heiß die Schalen entfernen. In einer Kasserrolle Zucker, Zitronensaft und Wasser anrühren, unter ständigem Rühren bei mittlerer Hitze zum Kochen bringen. Kastanien dazugeben, zudecken und ca. 15 Minuten köcheln lassen. Danach den Wein zugießen, nochmals aufkochen und servieren.

Kastanienkompott

500 g Kastanien · 80 g Rohrzucker · 1/4 l Weißwein
Zitronenschale oder Vanillestange

Zucker mit Wein und Zitronenschale oder Vanillestange 5 Minuten kochen. Dann die vorgekochten, geschälten Kastanien hineingeben und darin vollständig weich kochen, aber so, daß sie nicht zerfallen. Das Kompott kann warm oder kalt gereicht werden.

Mandelpudding

1/2 l Milch · 40 g Dinkelmehl · 60 g Mandeln
1 Prise Salz · etwas Vanillepulver · 40 g brauner Zucker
1 EL Sauerrahm · 1 EL Mandelmus

Dinkelmehl mit etwas kalter Milch anrühren. Die gemahlenen Mandeln trocken rösten, mit der restlichen Milch ablöschen.
Salz, Vanillepulver und Zucker zugeben; zum Kochen bringen. Das angerührte Mehl einrühren, aufkochen, mit Sauerrahm und Mandelmus nach Belieben abschmecken.

Kürbis süß-sauer

1 kg vorbereiteter Kürbis
1/4 l Zitronensaft oder Weinessig · 1 Zimtstange
5 Nelken · Schale von 1 unbehandelten Zitrone
500 g brauner Zucker · 1 gestrichener TL Galgantpulver

Kürbis in 2 cm große Würfel schneiden. Zitronensaft oder Essig mit Gewürzen und Zitronenschale aufkochen, über den Kürbis gießen und zugedeckt 24 Stunden stehenlassen. Die Flüssigkeit abgießen und mit Zucker aufkochen. Kürbis hineingeben und kochen, bis er glasig ist. Noch heiß in Gläser abfüllen und verschließen.

Variante: Auch mit gekochten Quittenwürfeln sehr interessant.

Quittenbrot

Ergibt 1 großes Blech:
1 - 1 ½ kg Quitten · 500 g (Rohr-)Zucker
150 g Mandeln · Galgant · nach Belieben etwas Zimt

Die Quitten waschen und abbürsten oder mit einem nassen Tuch abreiben, damit die Härchen auf der Schale entfernt werden. Die Früchte in Viertel schneiden und auf einer Reibe zerkleinern. Mit dem Zucker in einen Topf schütten und unter zeitweiligem Rühren zum Kochen bringen. So lange kochen, bis die Flüssigkeit verdunstet ist. Dabei immer wieder rühren. Kurz vor Ende der Garzeit die gehackten Mandeln und nach Belieben Zimt hinzufügen. Gut unterrühren und fertig kochen. Die Konsistenz sollte etwa der von normalem Apfelmus entsprechen.
Das Quittenmus auf ein mit Backpapier ausgelegtes Backblech streichen, im auf 50 °C geheizten Ofen bei geöffneter Tür (einen Kochlöffel dazwischenklemmen) etwa 3 Stunden trocknen lassen, herausnehmen und die Oberseite mit Galgantpulver bestäuben. Auf einen Rost stürzen und auch die andere Seite bestäuben. An einem luftigen Ort (z. B. Speicher) im Schatten völlig trocknen lassen. In Rauten, Würfel oder Streifen schneiden.

Will man das Quittenbrot länger aufheben, empfiehlt es sich, die Stücke in Zucker zu wenden und in einer Blechdose aufzubewahren.

Quittenschaum

500 g Quitten · ca. $\frac{1}{4}$ l Wasser · Zimt · Galgant
1 gestrichener EL Rohrzucker · 100 ml Sahne

ALS VERZIERUNG:
Sahnetupfer mit Quittengelee

Die Quitten trocken abreiben, halbieren, entkernen, mit Wasser, Zimt, Galgant und Zucker ca. 30–40 Minuten kochen, fein pürieren und abkühlen lassen. Die Sahne steif schlagen und unter das Quittenmus heben. Mit Quittengelee und Sahnetupfern garnieren.

Rote Grütze

250 g Obst, am besten Himbeeren, Kirschen und
rote Johannisbeeren
$\frac{1}{4}$ l Fruchtsaft/Rotwein-Wasser-Gemisch nach Belieben
etwas Zitronensaft · ca. 30 g Zucker
30–40 g Dinkelmehl · kaltes Wasser oder Saft

Das Obst putzen, und waschen. Fruchtsaft/Rotwein-Wasser-Gemisch mit etwas Zitronensaft zum Kochen bringen, nach Geschmack zuckern. Das Mehl mit etwas kalter Flüssigkeit glattrühren, in die kochende Grütze einrühren und nochmals durchkochen lassen. In Glasschälchen füllen.

Weincreme

Für 18 Personen:
2 EL Agar Agar · 6 Eigelb · 300 g Rohrzucker
½ l Weißwein · Saft von 2 Zitronen
Schale von 1 Zitrone · ½ l Sahne

Eigelb im Wasserbad mit Zucker schaumig schlagen. Den Wein unterrühren, ebenso den Zitronensaft. Bei mäßiger Hitze abschlagen, bis die Masse einmal aufkocht. 2 EL Agar Agar in wenig Wein auflösen und beimengen. Die Masse von der Herdstelle nehmen und weiterschlagen, bis sie kalt ist. Die Sahne steif schlagen und unter die Creme heben; in Glasschälchen füllen. Die Weincreme kalt stellen, mit Sahnetupfen garnieren.

Brot, Brötchen und Gebäck

Dinkelvollkornbrot/ Dinkelbrötchen

1 kg Dinkelvollkornmehl, frisch gemahlen
500 ml lauwarmes Wasser · 1 Würfel Hefe
1 EL Salz · 2 EL brauner Zucker

Hefe mit Salz und Zucker in 250 ml lauwarmem Wasser auflösen und glattrühren. Die Hefelösung langsam unter Rühren in das Mehl arbeiten und die restliche Flüssigkeit hinzugeben. Den Teig anschließend auf bemehlter Arbeitsfläche durchkneten, bis er geschmeidig ist und sich leicht von den Fingern löst.
Den Teig in gewünschte Stücke schneiden, z. B. 4-6 kleine Teile zu Brötchen formen, auf ein gefettetes Blech legen und an einem warmen Ort auf die doppelte Größe ca. 20 Minuten aufgehen lassen. Mit einem Messer in der Mitte einschneiden, mit Wasser bepinseln und bei 210 °C im heißen Backofen über einer dampfenden Wasserschale anbacken. Nach 5 Minuten auf 190 °C stellen und goldbraun backen. Herausnehmen und nochmals mit Wasser bepinseln.
In der Zwischenzeit vom Restteig 2 kleine Brote formen, gleich in gefettete Kastenformen legen und zugedeckt an einem warmen Ort ca. 20 Minuten bis aufs doppelte Volumen gehen lassen. Mit einem Messer der Länge nach tief einschneiden und mit Wasser bepinseln. Im heißen Backofen über einer Schüssel mit dampfendem Wasser bei 240 °C anbacken und nach 10 Minuten bei 210-200 °C in etwa 45 Minuten goldbraun fertig backen. Richtig gebackenes Brot klingt hohl, wenn man auf seine Unterseite klopft. Die Brote aus der Form nehmen und nochmals mit Wasser bepinseln.

Variationen:
Die Mehlarten kann man beliebig verändern, z. B.
500 g Dinkelschrotmehl + 500 g Dinkelmehl Type 630 oder 405

Für Dinkelkleiebrot:
1 kg Dinkelvollkornmehl + 100 g Dinkelkleie

Für Dinkel-Kastanien-Brot:
1 kg Dinkelvollkornmehl + 100 g Edelkastanienmehl

Für Dinkel-Zwiebel-Brot:
300 g rohe, gewürfelte Zwiebeln auf 1 kg Dinkelmehl mitbacken.

Für Dinkel-Quark-Brot:
1 kg Dinkelvollkornmehl mit 250 g Quark verbacken.

Nach Wunsch können 100 g Sonnenblumen- oder Kürbiskerne oder 3 EL Fenchelsamen, Kreuzkümmel oder Koriander auf 1 kg Dinkelmehl zugefügt werden.

Backtips: Die Brotqualität ist wesentlich von der Knetdauer und der Teigruhe (Gare) abhängig. Wenn das Brot krümelt, wurde zuwenig geknetet. Das Brot geht nicht auf, wenn der Teig zu lange gestanden hat oder in den kalten Ofen geschoben wurde. In dem Fall kann das Brot auch reißen, von der Rinde gehen und Hohlräume bilden.

Dinkelknauzer
(große runde Brötchen)

1 Würfel Hefe · 600 ml Wasser
1 kg Dinkelmehl Type 630 oder 405 · 1 EL Salz

Die Hefe im lauwarmem Wasser auflösen. Das Mehl auf die Arbeitsfläche häufen, eine Mulde formen, das Wasser-Hefe-Gemisch hineingießen, salzen und alles zu einem glatten Teig kneten, bis das Mehl nicht mehr an den Händen haftet. An einem warmen Ort ca. 30 Minuten gehen lassen.
12 Knauzerbrötchen aus dem Teig formen und auf einem gefetteten Blech im heißen Backofen anfangs bei 230 °C, nach 5 Minuten bei 190 °C über einer feuerfesten Schüssel mit Wasser 10–15 Minuten ausbacken.

Dinkelvollkornbrot mit Sauerteig

Für den Vorteig:
100 g Sauerteig vom Bäcker oder aus dem Reformhaus
500 g Dinkelvollkornmehl · 250 ml lauwarmes Wasser

Alle Zutaten zu einem geschmeidigen Teig kneten, eine Kugel formen, fingerdick mit Roggenmehl bedecken und in einer Schüssel 12 Stunden abgedeckt an einem warmen Ort gehen lassen. 3 EL Vorteig für den nächsten Sauerteig wegnehmen und nicht länger als 10 Tage im verschlossenen Glas im Kühlschrank aufbewahren.

Für den Hauptteig:
1 kg Dinkelvollkornmehl · 500 ml lauwarmes Wasser
1 Würfel Hefe · 30 g Salz

Hefe in einer Tasse lauwarmem Wasser und Salz auflösen.
Den Sauerteig mit 250 ml lauwarmem Wasser, eventuell im Rührgerät mit Knethaken kräftig verrühren, Dinkelmehl und die Hefelösung nacheinander hinzugeben und kräftig durchkneten. Den Teig auf der bemehlten Arbeitsfläche zu einer Kugel formen, mit einem Tuch abdecken und in einer Schüssel an einem warmen Ort 20 Minuten auf das doppelte Volumen gehen lassen. Nochmals durchkneten und nach Wunsch teilen. z. B. 4–6 Brötchen und zwei Kastenbrote formen, auf ein gefettetes Blech bzw. in gefettete Kastenformen legen. Mit einem Messer tief einschneiden und mit lauwarmem Wasser bepinseln.
Zunächst die Brötchen im vorgeheizten Ofen über einer Schüssel mit Wasser 5 Minuten bei 210 °C und 20–25 Minuten bei 190 °C goldbraun backen.
Anschließend die Kastenbrote bei 240 °C über einer Wasserschüssel 10–15 Minuten anbacken, danach bei 210–200 °C goldbraun ausbacken. Bei der Klopfprobe auf die Unterseite des

Kastanienpyramide (Rezept Seite 172)

Brotes soll es kohl klingen. Nochmals mit Wasser bepinseln und aus der Form nehmen.
Je nach Geschmack können Sonnenblumen- oder Kürbiskerne, Fenchel, Kreuzkümmel, Koriander, Flohsamen oder auch Zwiebeln mitgebacken werden.

Dinkelkleiebrötchen

150 g Dinkelkleie · 150 g Dinkelschrot
50 g brauner Rohrzucker
1 EL Weinsteinbackpulver · ½ TL Salz · 300 ml Milch
3 Eier · 1 EL Sonnenblumenöl · nach Geschmack Rosinen
gehackte Mandeln

Ofen auf 225 °C vorheizen. Zuerst die trockenen Zutaten verrühren, Milch, Eier und Öl hinzugeben, zu einem glatten Teig verarbeiten. Diesen in Muffin-Formen füllen und bei 225 °C etwa 20 Minuten backen.

Hinweis: Bei hohem Cholesterinspiegel kein Eigelb verwenden; bei erhöhtem Blutzuckerspiegel Rohrzucker durch Honig oder Fruchtzucker ersetzen.

Dinkel-Pumpernickel

1 Würfel Hefe · 3 EL Honig · 1 EL Salz
500 ml handwarmes Wasser
700 g Dinkelvollkornmehl
500 g gekochte Dinkelkörner · 300 g Dinkelflocken

Hefe mit Honig und Salz in ca. 2 Tassen warmem Wasser auflösen und per Knetmaschine mit dem Mehl, den Körnern und den

Flocken zu einem Teig verarbeiten. An einem warmen Ort zugedeckt ca. 20 Minuten gehen lassen, bis der Teig das doppelte Volumen erreicht hat.
Zwei Kastenbrote formen, mit einem Messer einschneiden, mit Wasser bepinseln und bei 210 °C etwa 5 Minuten anbacken. Auf 190 °C stellen und über einer Wasserschale bei 200 °C 50 Minuten braun backen. Das Brot ist fertig, wenn es beim Klopfen auf seine Unterseite hohl klingt. Den Pumpernickel aus der Form nehmen und nochmals mit Wasser bepinseln.

Dinkelflockenbrot mit Flohsamen

750 g feine Dinkelflocken · 1 - 2 gestrichene TL Salz
40 g Hefe · 1 Prise Zucker · 500 ml lauwarmes Wasser
5 EL Flohsamen

Die Flocken in eine Schüssel geben, Salz hinzufügen. Die Hefe in lauwarmem Wasser auflösen, Zucker zugeben und die Mischung in die Flockenmulde gießen. Gut durchkneten, bis der Teig geschmeidig ist. Die Flohsamen unterkneten, den Teig an einem warmen Ort zu doppeltem Volumen aufgehen lassen. In eine gefettete Kastenform geben, nochmals gehen lassen. Ca. 45 Minuten bei 220 °C backen.

Variante: Kräuter oder gehackte, gedünstete Zwiebeln unter den Teig kneten.

Dinkelhefezopf oder Rosinenbrötchen

(Foto Seite 199)

500 g Dinkelmehl · 1 Prise Salz · 20 g Hefe
2 EL Rohrzucker · 60 g Butter · 1 Ei
Vanillepulver nach Belieben · 200 ml lauwarme Milch
80–150 g Rosinen

Das Mehl auf die Arbeitsfläche häufen, eine Mulde machen. Salz, die mit etwas warmem Wasser verrührte Hefe und den Zucker zugeben. Die in Stücke geteilte Butter, das Ei, Vanillepulver nach Geschmack und die Milch zufügen. Gut durchkneten. Die Rosinen darunterarbeiten und den Teig gehen lassen. Nachdem er ca. das doppelte Volumen erreicht hat, einen Zopf oder Brötchen daraus formen. Den Zopf 30–40 Minuten bei 200 °C backen, die Brötchen etwa 15 Minuten. Dieser Teig kann auch für Mandel- oder Maronihörnchen verwendet werden:

Mandel- oder Maronifüllung

200 g geriebene Mandeln oder 200 g gekochte,
geschälte Maroni, püriert oder durch ein Sieb gedrückt
ca. 1/2 Becher saure Sahne · 2 EL Zucker · Zimt
Nelken · Vanillepulver nach Geschmack

Alle Zutaten miteinander verrühren und als Füllung für Dinkelhörnchen (Teig siehe oben) verwenden.

Dinkel-Kürbis-Kuchenbrot

½ Würfel Hefe · ¼ l warme Milch
500 g Dinkelvollkornmehl · 125 g Butter · 125 g Honig
2 Eier · 1 gestrichener TL Salz · je 1 TL Zimt und Muskat
½ TL Nelkenpulver · 250 g Kürbisfleisch, püriert

Die Hefe in der warmen Milch auflösen, mit Mehl zu einem Teig verkneten. Bei Bedarf noch etwas Milch oder Wasser zufügen. Getrennt davon die zimmerwarme Butter mit Honig und Eiern schaumig rühren, Salz und die Gewürze untermischen. Anschließend alles mit dem Hefeteig verkneten. An einem warmen Ort zugedeckt gehen lassen, bis sich der Teig auf das doppelte Volumen vergrößert hat. Kürbispüree in den Teig einarbeiten und sofort in eine gefettete Kastenform füllen. Zunächst noch 10 Minuten gehen lassen, dann bei 175 °C ca. 45 Minuten auf der untersten Schiene im Heißluftherd backen. Normalen Backofen auf etwa 190 °C stellen.

Kürbis-Mandel-Kuchen
(frisch gebacken am besten)

250 g Kürbis ohne Schale · 4 Eier · 250 g Honig
1 EL Zitronensaft · ½ TL Zitronenschale · ½ TL Zimtpulver
200 g gemahlene Mandeln · 50 g Dinkelvollkornmehl
Butter zum Ausfetten oder Backtrennpapier

Den Kürbis fein reiben. Die Eier trennen, das Eiweiß sehr steif schlagen und kalt stellen. Die Eigelbe mit dem Honig schaumig rühren, dabei nach und nach Zitronensaft und -schale sowie Zimt dazugeben. Den Kürbis untermischen, den Eischnee auf die schaumige Ei-Honig-Masse setzen. Mandeln und Mehl daraufgeben und unterheben. Die Masse in eine gebutterte Kastenform füllen und bei guter Mittelhitze, also ca. 190 °C (in Heißluftröhre = 160 °C), etwa 45 Minuten backen.

Apfelbrot

3 Eier · 200 ml Sonnenblumenöl · 200 g Rosinen
500 g Äpfel · 400 g Dinkelvollkornmehl
150 g gemahlene Mandeln · 1 Prise Salz
1 Päckchen Backpulver · 3 TL Zimt
etwas Muskat und Nelken

Die Eier verquirlen, das Öl unterrühren. Gewaschene, abgetropfte Rosinen und vorbereitete, geraspelte Apfelstücke zufügen. Mehl, Mandeln, Backpulver und Salz einrühren. Mit Zimt und nach Geschmack auch mit Muskat und Nelken würzen. Gut vermischen. Den Teig in eine mit Butter gefettete Kastenform füllen und 60–80 Minuten bei ca. 180 °C backen.
Dieses Rezept benötigt keinen Zucker. Auf Wunsch kann jedoch brauner Rohrzucker zugefügt werden.

Apfelkuchen

FÜR DEN MÜRBETEIG:
200 g Dinkelmehl oder Dinkelvollkornmehl oder feine Dinkelflocken
140 g Butter · 1 Prise Salz · ca. 50 g brauner Zucker
1/4 Zitronenschale · Vanillepulver · 2 Eigelb
1 EL Sauerrahm
750 g Äpfel · 1 EL Butter · Saft von 1/2 Zitrone
1 EL brauner Zucker · Vanillepulver · 1 Msp Nelken
1 TL Zimt · 100 g gestiftelte Mandeln · 50 g Rosinen

Aus Mehl oder Flocken mit eiskalter, in Stücke geschnittener Butter und den übrigen Zutaten einen Knetteig herstellen. Die Äpfel raspeln, mit Zitronensaft mischen, Zucker, Vanillepulver, Nelken, Zimt, Mandeln und gewaschene, abgetropfte Rosinen zufügen und gut vermischen. Auf dem ausgewellten Mürbeteigboden verteilen, einige Butterstückchen daraufgeben und bei ca. 180–200 °C 30–45 Minuten backen.

Apfel-Quark-Kuchen, sehr fein

Für den Mürbeteig:
500 g Dinkelmehl · 4 gestrichene TL Backpulver
100 g Zucker · 1 Päckchen Vanillezucker
1 Prise Salz · 1 Ei · 1–2 EL Milch · 250 g Butter

Für die Füllung:
4 Eier · ca. 180 g Zucker · Vanillezucker
1 Becher Crème fraîche oder saure Sahne
250 g Speisequark · einige EL geriebene Mandeln
1 EL Stärkemehl · 5 säuerliche Äpfel,
in Scheiben geschnitten
1–2 EL Quittenmus oder -konfitüre nach Wunsch
(die Quitte verfeinert jeden Apfelkuchen)

Die Zutaten rasch zu einem Mürbeteig verarbeiten und etwa 30 Minuten kühl stellen. Eine Springform (26 cm Ø) mit ca. ¾ des Teiges belegen, als Rand eine Rolle formen und etwa 2,5 cm hochziehen. Etwas Teig für das Gitter übrig lassen.
Für die Füllung die Eigelbe mit Zucker schaumig schlagen; ein wenig Eigelb zum Bestreichen aufheben. Crème fraîche, Speisequark, Mandeln, Stärkemehl und Quittenmus dazugeben; gut mischen. Das Eiweiß steif schlagen und vorsichtig unterziehen.
Die Füllung auf den Teig geben, die Äpfel darauf verteilen. Aus dem restlichen Teig ein Gitter legen, welches mit Eigelb bestrichen wird. Den Kuchen 45–50 Minuten backen, und zwar während der ersten 15 Minuten bei 190 °C, dann bei 160–170 °C während der restlichen 35 Minuten (je nach Beschaffenheit des Herdes.

Noch ein kleiner Tip: Verdampfendes Wasser läßt den Teig beim Backen besser aufgehen. Es empfiehlt sich deshalb, zusammen mit der Backform ein feuerfestes Schälchen mit heißem Wasser gleich zu Beginn der Backzeit in den Ofen zu stellen.

Birnentorte mit Quark

Mürbeteig wie auf Seite 187, mit hellem Dinkelmehl,
ca. 15 Minuten vorgebacken
500 g Birnen (gekocht)

FÜR DIE QUARKMASSE:
3–4 Eigelb · 150 g brauner Zucker · Vanillepulver
1 abgeriebene Zitrone · 500 g Quark
10 Blatt Gelatine · 1/4 l Sahne · Eischnee ·
1 EL Kornelkirschmarmelade · 30 g Mandelsplitter
etwas Zucker

Die Birnenhälften auf dem Kuchenboden verteilen.
Für die Quarkmasse das Eigelb schaumig rühren, Zucker, Vanillepulver und Zitronenschale unterrühren. Den Quark darunterschlagen.
Die Gelatine einweichen, in wenig Wasser durch Erwärmen auflösen und unterziehen. 2/3 der Sahne steif schlagen, ebenso das Eiweiß. Beides nacheinander unterziehen, sobald die Masse beginnt, steif zu werden.
Den Mürbeteigboden mit einem Tortenrand versehen und die Quarkmasse daraufstreichen. Das restliche Drittel Sahne ebenfalls schlagen, mit der Marmelade vermengen und auf die Quarkmasse streichen. Mit Sahnetupfen verzieren und auf jeden ein wenig Marmelade setzen.
Mandelsplitter mit Zucker zu Krokant rösten und auf die Sahnetupfen streuen.

Gedeckter Obstblechkuchen mit Dinkelhefeteig

FÜR DEN HEFETEIG:
½ Würfel Hefe · 125 ml lauwarme Milch · 1 Prise Salz
200 g zimmerwarme Butter · 200 g brauner Zucker
Saft von 1 Zitrone · 500 g Dinkelmehl
3 EL Dinkelmehl · 100 g Mandelsplitter
2 kg Apfelschnitze oder Quitten oder Kirschen, entkernt
3 EL Dinkelgrieß · 300 ml Apfel-, Quitten- oder Kirschsaft

Die Hefe in der lauwarmen Milch auflösen, Salz und 1 EL Zucker zufügen. Die Butter im Mixer schaumig rühren, anschließend Zucker, Zitronensaft und Hefelösung zugeben und das Mehl langsam darunterkneten. Den Teig mit bemehlten Händen auf ein gefettetes Kuchenblech drücken und 20 Minuten an einem warmen Ort gehen lassen.
Den Teig mit Mandeln bestreuen, damit das Obst nicht so tief einsinken kann. Das vorbereitete rohe oder gekochte Obst darüber verteilen.
In der Zwischenzeit aus dem Obstsaft und dem Dinkelgrieß einen Guß kochen. Dafür den Saft in einer Kasserolle erhitzen, den Grieß einstreuen und unter Rühren ausquellen lassen. Vorsichtig über das Obst verteilen und mitbacken. Bei 200–225°C soll der Kuchen nun 20–30 Minuten auf mittlerer Schiene backen.

Bienenstich

Hefeteig wie beim Obstkuchen (siehe oben)
150 g Butter · 100 g brauner Zucker
200 g gehackte Mandeln · 2 EL Honig
4–6 EL Milch oder Wasser

Butter im Topf auslassen, unter Rühren Zucker, Mandeln, Honig und Milch zugeben, leicht aufkochen. Den Belag etwas abkühlen lassen und auf dem Hefeteig verteilen, ohne ihn in den Teig zu drücken. 20 Minuten an einem warmen Ort gehen lassen. Mit der Gabel einstechen und bei 170 °C etwa 30 Minuten backen.

Blitzblätterteig

500 g Dinkelmehl · 500 g Quark · 500 g Butter
1 Prise Salz · 1 Schuß Weinessig

Mehl und Quark miteinander verkneten, Salz und Essig zufügen. Die kalte Butter, in Flöckchen geschnitten, darüber verteilen. Mit kalten Händen alles zusammenkneten, bis der Teig glatt ist. Den Teig zu einem Ziegel formen und mindestens 24 Stunden im Kühlschrank ruhen lassen. Der Blätterteig läßt sich leicht zu süßem oder salzigem Gebäck verarbeiten.

Variationen:

Apfeltaschen

FÜR DIE APFELFÜLLUNG:
5 säuerliche Äpfel, in Stücke geschnitten
etwas Quittenmarmelade · 50 g Rosinen
1 EL Zimt

Alle Zutaten kurz aufkochen. Vom Blätterteig Rechtecke schneiden, auf 1/2 cm ausrollen, in die Mitte jeweils 1 EL Apfelfüllung geben, Apfeltasche zuklappen und an den Rändern festdrücken. Oben einschneiden. Auf mittlerer Schiene bei 160 °C backen.

Mohntaschen

FÜR DIE MOHNFÜLUNG:
300 g Mohn, gemahlen · 250 ml Milch
100 g geriebene Mandeln · 50 g Rosinen
150 g brauner Zucker

Alle Zutaten unter Rühren kurz aufkochen. Die Blätterteigtaschen mit der Mohnmasse füllen und wie die Apfeltaschen backen.

Außerdem eignen sich Quitten-, Himbeer- oder Johannisbeermarmelade bestens als Füllung für Blätterteiggebäck.

Himbeertörtchen

300 g Dinkelmehl · 150 g kalte Butter in Stückchen
3 EL Honig · 2 Eier · abgeriebene Zitronenschale
1 TL Backpulver

Alle Zutaten rasch zu einem Teig verkneten, ½ Stunde im Kühlschrank ruhen lassen. Den Teig auf bemehlter Arbeitsfläche ausrollen, zwei runde Obsttorten oder kleine Törtchen formen. Im vorgeheizten Backofen bei 160 °C etwa 20 Minuten goldbraun backen. Die ausgekühlten Törtchen mit Himbeeren, Kirschen oder Johannisbeeren belegen und mit Agar-Agar-Guß überziehen:

Agar-Agar-Tortenguß:
Von ½ l Wasser (leicht gesüßt) oder Saft 1 TL abnehmen und in einer Tasse mit 1 TL Agar-Agar verrühren. Weitere 3 EL Wasser oder Saft darunterrühren. Die übrige Flüssigkeit erhitzen und das Agar-Agar hineinrühren. Ca. 2 Minuten kochen. Den etwas abgekühlten Guß eßlöffelweise über die Himbeeren (oder andere Früchte) verteilen.

Johannisbeerkuchen aus Mürbeteig

250 g Dinkelmehl · 100 g brauner Zucker · 1 Ei
125 g Butter · 1 EL Zitronensaft · 1 Prise Salz
Dinkelzwiebackbrösel

FÜR DEN BELAG:
500 g Johannisbeeren · 5 Eiweiß
250 g brauner Zucker · 150 g Mandelblättchen
1 EL Zitronensaft

Mehl und Zucker mischen, das Ei in die Mitte schlagen, die kalte Butter flöckchenweise hineinschneiden, Zitronensaft und Zucker zufügen und mit kalten Händen innigst verkneten. 2 Stunden ruhen lassen.
Den Teig auf einer bemehlten Arbeitsfläche 3 cm größer als die Kuchen-Pieform ausrollen und in die Form legen. Den Teig über den Rand hängen lassen und vor dem Belegen mit Zwiebackbröseln bestreuen. Das Eiweiß zu Schnee schlagen, Mandeln und Zucker darunterheben und die gewaschenen, abgetropften Johannisbeeren hinzugeben. Den Belag auf dem Kuchenboden verteilen. Die Teigränder nach innen schlagen. Den Kuchen auf der unteren Schiene 50 Minuten bei 190 °C backen.

Kirsch-Blechkuchen aus Rührteig

300 g Dinkelmehl · 300 g zimmerwarme Butter
300 g brauner Zucker · 2 Eier
1 Päckchen Weinsteinbackpulver · 1 Prise Salz
2 EL Zitronensaft

Die Butter im Mixer schaumig rühren, den Zucker hinzugeben. Die Eier nach und nach einrühren, zuletzt den Zitronensaft und das mit

Backpulver gesiebte Mehl darunterrühren. Den Teig auf ein gefettetes Backblech streichen.
Für den Belag 500 g Sauerkirschen oder anderes beliebiges Obst leicht bemehlt über den Teig verteilen. Auf unterster Schiene bei 170 °C etwa 40 Minuten backen.

Mandel-Käsekuchen

½ Tasse Dinkelvollkornmehl
2 Tassen Mandelsplitter, geröstet
1 Tasse brauner Zucker · 3 EL Butter
1 kg Quark (Topfen, Schichtkäse)
1 Tasse Crème fraîche · 4 Eier

Mehl, Mandeln, Butter und ½ Tasse Zucker im Mixer zu Krümeln verrühren. Diesen Teig in eine gefettete Springform kneten. 10 Minuten bei 180 °C backen. Den restlichen Zucker mit dem Quark und der Crème fraîche verrühren. Die Eier unterrühren. Die kalte Käsemasse über den Kuchenteig streichen und 50 Minuten bei 180 °C backen. Mit Mandelsplittern dekorieren.

Kastaniencremetorte

1 kg Edelkastanien · 6 Eigelb · 6 EL Rohrzucker
9 EL Kastanienpüree · 1 EL Dinkelmehl · 6 Eiweiß

FUR DIE FÜLLE:
100 g Butter · 100 g Puderzucker · Kastanienpüree
3 EL Rum

FÜR DIE SCHOKOLADEN-BUTTER-GLASUR:
120 g Schokolade · 2 EL Milch · 30 g Butter

Die Kastanien mit einem scharfen Messer einschneiden, 15 Minuten kochen, noch heiß schälen und durch ein Sieb drücken.

9 EL des Kastanienpürees mit dem Zucker und dem Eigelb zu einer Schaummasse verarbeiten, das Mehl unterrühren und das steifgeschlagene Eiweiß darunterheben. In eine mit Butter gefettete, mit Mehl ausgestreute Kuchenform füllen und bei ca. 175 °C 30–35 Minuten backen. Abkühlen lassen und in 2 Schichten schneiden.
Für die Fülle die zimmerwarme Butter mit dem Puderzucker schaumig schlagen, das restliche Püree und den Rum dazugeben und zu einer geschmeidigen Creme schlagen. Die Fülle dick zwischen die beiden Tortenlagen streichen.
Für die Schokoladen-Butter-Glasur die Schokolade in Stücke zerbrechen und mit der Milch auf kleiner Flamme unter ständigem Rühren erwärmen, bis sie schmilzt. Vom Herd nehmen, die Butter hinzufügen und rühren, bis das Ganze nur noch lauwarm ist. Über die Torte gießen und kalt stellen.

Kastanienhörnchen

300 g Dinkelmehl · 15 g Hefe · 1 EL Zucker
2 EL lauwarme Milch · 100 g Butter · 60 g Rohrzucker
1 Eigelb · saure Sahne · 500 g Edelkastanien
30 g Butter · 2 gehäufte EL Rohrzucker · 1 EL Rum
2 EL Milch

Das Mehl in eine Schüssel sieben und eine Mulde eindrücken. Die Hefe in lauwarmer Milch auflösen, in die Mulde gießen, 1 EL Zukker zufügen und mit einem Teil des Mehls verrühren. Abgedeckt eine Weile gehen lassen. Nun die Butter in Stückchen, Zucker, Eigelb und saure Sahne zufügen und gut zusammenkneten. So lange bearbeiten, bis sich der Teig von der Schüssel löst.
Die Kastanien einschneiden, 15 Minuten kochen, noch heiß schälen und pürieren oder durch ein Sieb drücken. Butter, Zucker, Rum und Milch dazugeben und 10 Minuten schlagen.
Den Teig auf einer bemehlten Arbeitsfläche 2–3 mm dünn ausrol-

len und in Vierecke schneiden. Jeweils 1 gehäuften EL Fülle auf die Quadrate setzen, diagonal aufrollen und die Enden zusammendrücken. Zu Hörnchen biegen. Auf ein gefettetes, bemehltes Blech legen und die Oberfläche mit Milch bepinseln. Bei ca. 200 °C etwa 15 Minuten backen.

Möhrentorte

6 Eier · 250 g brauner Zucker · ½ Zitronenschale
1 TL Zimt · 250 g Mohrrüben · 300 g Mandeln
50 g Dinkelmehl

Die Eier trennen. Aus Eigelb, Zucker, Zitronenschale und Zimt eine Schaummasse schlagen. Die geschälten Möhren nicht zu fein gerieben unter die Schaummasse ziehen.
Die feingemahlenen Mandeln und das Mehl unterrühren. Das Eiweiß zu steifem Schnee schlagen und unterheben.
Eine Backform fetten und mit Pergamentpapier auslegen; den Teig einfüllen und bei mäßiger Hitze (160–180 °C) etwa 1 Stunde backen. In der Form abkühlen lassen, vorsichtig aus der Form nehmen, stürzen und das Pergamentpapier abziehen.
Kann mit einer Schokoladen-Butter-Glasur (siehe Seite 193) überzogen werden.

Allensbacher Quittenkuchen

4 Eidotter · 150 g brauner Zucker · 200 g Butter
350 g Dinkelmehl · 1 Päckchen Weinsteinbackpulver
3 roh geraspelte Quitten · 3 geraspelte Äpfel · 4 Eiweiß

Eigelb, Zucker und Butter mit dem Schneebesen schaumig rühren, Dinkelmehl mit dem Backpulver dazugeben und durchkneten. Die geraspelten Quitten und Äpfel untermischen. Das Eiweiß sehr steif schlagen und unter den Teig heben. Die Masse auf einem gefetteten Kuchenblech verteilen und im vorgeheizten Ofen bei 180 °C ca. 35–40 Minuten backen.

Quittenkuchen

1–1,5 kg Quitten · 1/8 l süßlicher Weißwein · 1/4 l Wasser
ca. 150 g Zucker · geriebene Mandeln
1 TL Galgantpulver · 1–2 EL Dinkelmehl

FÜR DEN MÜRBETEIG:
500 g Dinkelmehl
3 gestrichene TL Weinsteinbackpulver
100 g Rohrzucker · Vanillepulver · 1 Prise Salz
250 g weiche Butter

ZUM BESTREICHEN:
1 Ei · 1 EL Milch

Die Quitten mit einem Tuch abreiben, vierteln, das Kerngehäuse entfernen. Die Quitten kleinschneiden. Zusammen mit Wein und Wasser unter Rühren weich kochen; die Masse durch ein Sieb oder die »Flotte Lotte« streichen. Anschließend zuckern und etwas geriebene Mandeln, Galgant und Mehl zufügen; abkühlen lassen. Für den Teig alle Zutaten rasch zusammenkneten. Von dem Ei zum Bestreichen kann das Eiweiß mit verwendet werden.
Die Hälfte des Teiges auf dem Boden einer mit Butter gefetteten Springform (Durchmesser etwa 26 cm) ausrollen, einen ca. 2,5 cm hohen Rand formen und den Boden mehrmals mit einer Gabel einstechen. Die Füllung auf dem Boden glattstreichen.
Aus der anderen Hälfte des Teiges eine Platte formen und darauflegen. An den Rändern gut zusammendrücken. Eigelb mit Milch verschlagen und die Teigplatte damit bestreichen. Vor dem Backen die Kuchenoberfläche mit einer Gabel mehrmals einstechen.
Backzeit ca. 30–45 Minuten bei 180 °C auf der mittleren Schiebeleiste.

Blankas Mandelkuchen

4 Eidotter · 2 Eier · 150 g brauner Zucker
100 g zimmerwarme Butter · 200 g Dinkelmehl
Saft und Schale von 1 unbehandelten Zitrone
1 Päckchen Weinsteinbackpulver

FÜR DEN BELAG:
4 Eiweiß · 150 g brauner Zucker
200 g gemahlene Mandeln

Eidotter und Eier mit Zucker schaumig rühren, danach mit Butter glattrühren. Mehl, abgeriebene Zitronenschale und -saft sowie das Backpulver dazugeben und alles miteinander verkneten.
Für den Belag das Eiweiß sehr steif schlagen, den Zucker unterheben und mit den feingemahlenen Mandeln verrühren. Den Teig in eine gefettete Form legen und den Belag darüber verteilen. Im vorgeheizten Ofen bei 180 °C auf unterster Schiene 35–40 Minuten backen.

Möhren-Mandel-Kuchen

2 Eiweiß · 150 g Rohrzucker · 2 EL flüssiger Honig
200 g geputzte Möhren · 200 g Mandeln
$\frac{1}{4}$ TL Backpulver · 70 g Dinkelvollkornmehl · 2 TL Zimt
1 Prise Nelken · 50–100 g gestiftelte Mandeln

Eiweiß schaumig schlagen, den Zucker und den Honig einrühren. Die geriebenen Möhren mit den gemahlenen Mandeln, Mehl, Backpulver, Zimt und Nelken vermischen und unter die Schaummasse heben. Auf Oblaten oder Backpapier Häufchen von 6 cm Ø setzen; mit Mandelstiften bestreuen und 1 Stunde trocknen lassen. Erst danach backen, und zwar 20–30 Minuten bei 170 °C.

Nervenkekse (Intelligenzplätzchen)

400 g Dinkelmehl (fein) · 250 g Butter
150 g Rohrzucker · 200 g gemahlene süße Mandeln
2 ganze Eier · 20 g Zimt · 2 g Muskat
10 g Nelken · 1 Prise Salz

Das Mehl auf die Arbeitsplatte häufen, die Butter in Stückchen darauf verteilen. Zucker, Mandeln, Eier und die Gewürze zufügen. Alles mit einem großen Messer oder einer Teigkarte durchhacken, rasch zusammenkneten und kalt stellen. Nach ca. 30 Minuten 2–3 mm dick auswellen, beliebige Plätzchen ausstechen und auf einem mit Backpapier ausgelegten Blech bei 180–200 °C zu goldener Farbe backen.

Galgantplätzchen

250 g Butter · 500 g kernige Dinkelflocken · 2 Eier
etwas Vanille · 150 g Rohrzucker · 2 EL Galgant
2–3 EL Dinkelmehl

Die Butter erhitzen, die Dinkelflocken unter Rühren darin leicht rösten, dann erkalten lassen. Die Eier mit Zucker, Vanille und Galgant schaumig rühren. Das Mehl und die gebutterten Flocken unter die Eimasse heben. Mit zwei Teelöffeln kleine Häufchen auf ein gefettetes Backblech setzen.
Bei 180 °C ca. 15 Minuten backen.

Dinkelhefezopf (Rezept Seite 184)

Quendelkekse

1 kg Dinkelmehl · 3 gehäufte EL Quendelpulver
300 g Rohrzucker · 300 g Butter · 3 Eier
300 g Mandeln · 1–2 Päckchen Weinsteinbackpulver
1 Prise Salz · evtl. Wasser

Alle Zutaten zu einem Knetteig verarbeiten, etwa 3–4 mm dünn auswellen und beliebige Plätzchen ausstechen. Auf einem gefetteten oder mit Backpapier ausgelegten Blech ca. 15 Minuten bei 200 °C backen.

Fränkisches Butterzeug

500 g Dinkelmehl · 250 g Butter
200 g brauner Rohrzucker · 2 Eier
Schale von 1 unbehandelten Zitrone · Saft von ½ Zitrone

ZUM BESTREUEN:
½ Tasse Rohrzucker · 1 EL Zimt

Mehl, Butter in Stücken, Zucker, Eier, die abgeriebene Schale von einer Zitrone und Saft von der halben Zitrone zu einem Knetteig verarbeiten. Gekühlt etwa 2 Stunden ruhen lassen.
Von dieser Masse stets nur so viel abnehmen, wie in einem Backarbeitsgang verarbeitet werden kann.
Dazu das Teigstück auf einer mit Mehl bestreuten Unterlage etwa 4 mm dick ausrollen und Plätzchen ausstecken; bei 180 °C im vorgeheizten Ofen 10–15 Minuten backen.
Nach dem Backen mit dem Zimt-Zucker-Gemisch bestreuen.

Brotaufstrich

einmal anders:
von süß bis pikant

Quittenkonfitüre

Ein feines, wertvolles Rezept, da die ganze Frucht mit Schale Verwendung findet!

1000 g Quitten · $^1/_4$ l Wasser · $^1/_8$ l süßlicher Weißwein
Saft von 1 Zitrone · 500 g Rohrzucker
20–50 g Galgantpulver

Die Quitten mit einem Tuch abreiben, vierteln und nach Entfernen des Kerngehäuses kleinschneiden. Zusammen mit Wasser, Wein und Zitronensaft unter Rühren zum Kochen bringen und weich kochen. Die Masse durch ein Sieb passieren oder einfach pürieren und abmessen. Auf 1000 g Fruchtmasse 1000 g Zucker oder auch etwas weniger abwiegen. Quittenmus und Zucker vermischen, unter Rühren aufkochen. Bis zur Gelierprobe kochen. Galgantpulver dazugeben. In vorbereitete heiße Gläser füllen, diese sofort verschließen und bis zum Abkühlen auf den Kopf stellen.

Quittengelee

Für Quittengelee werden die Früchte trocken geputzt und in kleine Schnitze geschnitten. Das Kernhaus wird dabei nicht entfernt, nur der Stiel. Dann werden die Früchte mit soviel Wasser, daß sie fast bedeckt sind, gekocht, bis sie weich sind. Dabei soll nicht viel gerührt werden, damit die Schnitze nicht zu musig werden. Dann alles durch ein Salatsieb und nochmals durch ein Haarsieb drücken, um den Saft für das Gelee zu gewinnen. Dieses Verfahren geht schneller, als wenn man die gekochten Früchte durch ein Tuch sickern läßt.
Pro Liter Saft 1 Päckchen Gel-Fix mit dem Schneebesen unterrühren und so lange rühren, bis der Saft kocht. Dann 1 kg Zukker dazugeben und das Ganze am besten im Sikomatic ca. 5 Minuten fest kochen lassen. Den Schaum mit einem Löffel oder

Teesieb abnehmen, den Schöpflöffel durch Eintauchen in das kochende Gelee steril machen und das Gelee heiß in vorbereitete Gläser füllen. Die Gläser auf einen feuchten Spüllappen stellen, jeweils einen silbernen Löffel hineingeben, das Gelee bis ganz zum Rand einfüllen und die Gläser sofort schließen.
Das bei Quittengelee anfallende Mus ergibt, mit frischem Apfelmus gemischt, ein schmackhaftes Kompott.

Kornelkirschmarmelade

1 kg Kornelkirschen in 2 Tassen Wasser kochen. Danach das Ganze durch die »Flotte Lotte« drehen, damit die Kerne zurückbleiben. Das Mus mit Rohrzucker im Gewichtsanteil eins zu eins zu Marmelade kochen und wie oben beschrieben in vorbereitete Gläser füllen.

Hagebutten-Quitten-Konfitüre

1,5 kg Hagebutten · knapp 1 l Wasser · 1 kg Quitten
2 kg Zucker · Gelfix

Hagebutten von Stiel und Blüten befreien. Früchte der Länge nach aufschneiden, die Kerne sorgfältig herausschaben. Hagebutten gründlich waschen und mit Wasser weich kochen. Auf einem Sieb abtropfen lassen und das Wasser auffangen. Die Hagebutten durch die feine Scheibe des Fleischwolfes drehen oder im Mixer pürieren.
Quitten abreiben, Stiel und Blüte entfernen, mit Schale und Kerngehäuse in Stücke schneiden und in $\frac{1}{4}$ l Hagebuttenwasser weich kochen. Früchte durch ein feines Sieb streichen. Quittenmus mit Hagebuttenmus, Zucker und Gelfix in einem hohen Kochtopf mi-

schen, bei mittlerer Hitze unter Rühren langsam zum Kochen bringen und 1 Minute sprudelnd kochen. Konfitüre in vorbereitete Gläser füllen und verschließen.

Dinkel-Bohnen-Aufstrich

300 g weiße gedörrte Bohnen · 3 Karotten
1 Zwiebel, gewürfelt · 2 EL Butter
300 g weichgekochte Dinkelkörner · 2 Knoblauchzehen
je 1 TL Bertram, Galgant und Quendel
etwas Salz und Pfeffer

Bohnen waschen und über Nacht in Wasser einweichen. Am nächsten Tag im Einweichwasser mit den gewürfelten Karotten bei mittlerer Hitze 2 Stunden weich kochen und abgießen. Mit den Dinkelkörnern mischen, die in Butter angedünsteten Zwiebeln und die rohen Knoblauchzehen dazugeben, würzen und im Mixer pürieren oder durch den Wolf drehen.
Im Kühlschrank mindestens 3 Tage haltbar. Dieser Aufstrich eignet sich auch vorzüglich zum Füllen von Pfannkuchen, Cannelloni oder Zucchini.

Dinkel-Kichererbsen-Gemüse-Aufstrich

300 g Kichererbsen
200 g geputztes Gemüse (Karotten, Fenchelknolle, Sellerie)
1 EL Dinkelgrieß · 300 g weichgekochte Dinkelkörner
3 EL Butter · 2 Zwiebeln · 2 Knoblauchzehen
je 1 TL Bertram, Galgant, Quendel, Muskat
etwas Salz und Pfeffer

Kichererbsen über Nacht einweichen, Einweichwasser abgießen und mit frischem Wasser 2 Stunden mit dem gewürfeltem Gemüse

weich kochen. Zum Schluß mit Dinkelgrieß zum Binden kurz aufkochen. Mit den Dinkelkörnern, den in Butter angedünsteten Zwiebeln und dem rohen Knoblauch mischen, würzen und im Mixer pürieren.
Im Kühlschrank mindestens 3 Tage haltbar.

Humus (Kichererbsenaufstrich)

250 g Kichererbsen · Salz · 2 Knoblauchzehen · Galgant
Pfeffer · 2 EL Öl · Petersilie · 1 Töpfchen Sauerrahm

Die Kichererbsen am Vorabend einweichen, in frischem Wasser weich kochen; salzen. Zweimal durch den Fleischwolf drehen, mit den fein zerdrückten Knoblauchzehen, Öl und Sauerrahm vermischen, mit Galgant, Pfeffer und Salz abschmecken. Die gut durchgerührte Paste mit gehackter Petersilie bestreuen.
Zum Abendbrot oder als Vorspeise geeignet; mit etwas Saurem wie z. B. eingelegtem Kürbis oder Salat mit Essig servieren.

Maronen-Gemüse-Aufstrich

500 g gekochte Edelkastanien · 2 Zwiebeln, gewürfelt
500 g geraspeltes Gemüse (Karotten, Fenchel, Sellerie)
4 EL Butter
1 Handvoll frisch gehackte Kräuter (Kerbel, Petersilie, Ysop)
je ½ TL Bertram, Galgant, Muskat, Poleiminze, Diptam
etwas Salz und Pfeffer · 2 Knoblauchzehen
4 EL saure Sahne

Edelkastanien kochen, schälen und durchpassieren oder pürieren, mit Zwiebeln und geraspeltem Gemüse in Butter dünsten, mit Kräutern mischen und mit Gewürzen abschmecken. Knoblauch direkt durch die Presse drücken und dazu mit Sauerrahm binden. Im Mixer pürieren und kalt servieren.

Hühnerleber-Mandel-Aufstrich

250 g Hühnerleber · 2 Zwiebeln · 3 EL Butter
2 Knoblauchzehen · 100 g gehackte Mandeln
300 g Hühnerfleisch, weich gekocht
je 1 TL Bertram, Galgant, Quendel
etwas Salz und Pfeffer

Zwiebeln würfeln und in Butter andünsten. Hühnerleber waschen, abtupfen, in Streifen schneiden und von allen Seiten anbraten. Mit dem Hühnerfleisch mischen, würzen und mit dem Knoblauch im Mixer pürieren oder durch den Fleischwolf drehen. Hält sich mindestens 3 Tage im Kühlschrank.

Hühnerleberaufstrich

2 große Zwiebeln · Butter · 3 harte Eier
250 g Hühnerleber · Salz · Pfeffer · Galgant · Bertram
etwas Senf

Die geschälten, feingeschnittenen Zwiebeln in Butter andünsten, zusammen mit der gegarten Hühnerleber und den hartgekochten Eiern durch den Fleischwolf drehen. Mit Salz, Pfeffer, Galgant, Bertram und etwas Senf abschmecken.

Kräuter und Gewürze

Name	*Bestandteil*	*Verwendung*	*Heilwirkung/Indikation*
Ackerminze	feingewiegte Blätter und junge Triebe	(Minz-)Sauce, Hammelbraten, zu Quark und grünem Salat	Gastritis, Verdauungsschwäche, Dyspepsie (Verdauungs-/Ernährungsstörung)
Bachbunge*	Blätter oder Urtinktur	als Spinat in wenig Wasser dünsten, mit Knoblauch und Salz abschmecken; 40 Tropfen Urtinktur mit Gemüse kochen	Hämorrhoidalblutungen, Blutungsanämie (Blutarmut)
Bachminze	Blätter (Pulver)	in Saucen, Suppen, Gemüse, Fleisch	Übergewicht, Verfettung, Völlegefühl, Blähungen, Magenkrämpfe, Verdauungsschwäche
Bärwurz*	Pulver	Bärwurzbirnhonig (siehe Seite 212)	Reinigung des gesamten Magen-Darm-Trakts
Basilikum	Blätter	Gemüseeintöpfe, Minestrone, Salat, als Sauce, zu Fisch, Lamm, Wild, Kräuterbutter, Mayonnaise, Sauce vinaigrette zu Fleisch, Sülze, Schwarzwurzeln und Spargel	Zungenlähmung, Schlaganfall (unter Zunge schieben), Fieber (in Wein mit Honig kochen und nach dem Essen abends trinken)
Beifuß	Blätter (Pulver)	Geflügel, Fleisch, Fisch: mitkochen hilft Fett besser verdauen (Gänse-, Entenbraten), Kräutersuppen, Salat	Magen- und Zwölffingerdarmgeschwüre, Diätfehler, Sodbrennen, Gastritis, Magenempfindlichkeit, Bindegewebsschwäche, Hämorrhoiden, Krampfadern
Bertram (siehe auch Erklärung Seite 212)	Wurzelpulver	in jedem Essen mitkochen oder darüberstreuen	Verdauungsstörungen, Resorptionsmittel, bei perniziöser Anämie (schwere Blutkrankheit), Fehlernährung, Diabetes, Dyspepsie, Verschleimung (bes. im Kopf), Augen

Name	*Bestandteil*	*Verwendung*	*Heilwirkung/Indikation*
Bockshornklee	siehe Griechenkleemischpulver, Erklärung Seite 214		
Bohnenkraut	Blätter/ Stengel	zu grünen und trockenen Bohnen, Eintöpfen, Gemüsesuppen, Fisch, Lamm, Ziegenfleisch, Saucen, Salat, Kräuter-Dinkelbratlingen	Parkinson, Gicht, Rheuma
Brennessel	junge Triebe, Blätter, Pulver	nie roh! Junge Brennesseln zu Brennessel-Spinat oder Suppe	Magenverschleimung (Gastritis), als Blutreinigungskur im Frühling
Brunnenkresse	Blätter	stets gedämpft oder mit Butter/Öl in der Pfanne als Spinat	Verdauungsschwäche, Colitis (Dickdarmentzündung), Diabetes
Dill	Spitzen	nie roh! Stets gekocht in Sauce (Grüne Sauce) zu gekochtem Fleisch und Fisch	Diätkur bei Rheuma
Diptam* (s. a. Erklärung S. 213)	Wurzel-/ Blätterpulver	1 TL pro Tag über das Essen streuen, in Gemüsesuppen, Saucen, auf Kräuterbrot	Arteriosklerose, erhöhtes Blutfett
Eberraute (Zitronenkraut)	Blättchen/ Kraut	Verwendung wie Beifuß, vor allem als Bratengewürz	Verdauung
Enzian* (gelber)	Pulver	1–3 Msp über heiße Dinkelgrießsuppe gestreut (Vorsicht, bitter!)	Herzdauerschmerz, Intensivschmerz, Herzschwäche, Allergie
Estragon	Blätter	Marinaden für Geflügel-, Fisch- und Fleischgerichte, zum Einreiben des Bratens und zu grünem Salat, auch als Würze für Kräuteressig	ohne Hildegard-Kommentar
Fenchel	Körner/ Samen/ Blättchen	Brot, Kuchen, Fischgerichte, Suppen, Saucen, Eingemachtes	siehe Gemüsekapitel, Seite 32
Galgant (s. a. Erklärung S. 213)	Wurzelpulver	ingwerähnliches, pikantes, scharfes Gewürz besonders für Fleischgerichte, aber auch für Kekse und Quitten-Galgant-Konfekt	Herzschmerz, Herzschwäche, Angina pectoris, Nachbehandlung von Herzinfarkt, bei Magen-Darmkrämpfen, Kopfschmerzen, pseudoepileptische Anfälle, Durchblutungsstörungen, Erschöpfungs- und Schwächezustände

Name	*Bestandteil*	*Verwendung*	*Heilwirkung/Indikation*
Gewürz-nelken	Früchte	ganz oder gemahlen zu Fleischgerichten, Ragout, Kompott und zum Backen, für Nervenkekse zusammen mit Zimt und Muskat	Gicht, Podagra (Fußgicht/ Harnsäurewerterhöhung), Arteriosklerose, Nierensklerose (-wassersucht), Kopfbrummen (arteriosklerotischer Hochdruck)
Griechenkleemischpulver siehe Erklärung Seite 214			
Gundelrebe (Gundermann)	Blätter	in Breigericht (Habermus) oder in Fleischgerichten oder Pfannkuchen	Kraftlosigkeit im Alter (als Bad), innerl. Ausheilung
Ingwer (nicht für Gesunde)	Wurzelpulver	in Suppe nüchtern oder auf Brot (aber nur mäßig und nur solange, bis wieder kräftig)	Magerkeit, Abmagerung, Appetitlosigkeit
Katzenminze	Blätter (pulverisiert)	1 TL auf Brot oder über Essen (in Mus oder Pfannkuchen); Blätter roh auflegen bei Aufbruch	Halsdrüsenschwellung, Skrofeln am Hals nach Infektion mit tier. Tbc. (nicht Lymphdrüsenschwellung)
Kerbel	Kraut/ Blättchen	Saucen, Suppen, Salat, Kräuterbutter, Quark	blutreinigend, wassertreibend
Knoblauch	Zehen	roh besser als gekocht, 1-2 Zehen in Fleisch, Salat etc.	Arteriosklerose, Blutdrucksenkung, Stärkung u. Vitalisierung im Alter
Krauseminze	Blätter	Suppen, Kräutersaucen, Salat, Mus, Omeletts, Fisch, Fleisch bes. Schaf, Hammel, Wild	Gastritis, Verdauungsschwäche, wärmt den Magen, macht Speisen würzig und schmackhaft
Kreuz-(Mutter-) Kümmel	Körner (pulverisiert)	übers Essen, besonders bei Käse streuen (nicht für Kranke, außer Lungenleidende)	Allergie, Käseunverträglichkeit, Lebensmittelallergie
Lavendel	Blätter/ Blüten	Marinade zu Fisch und Fleisch (bes. Hammel), Gemüseeintopf, Wildgerichte, Kräuterbutter	Leberleiden; Lavendeltee gegen Nervenschwäche und nervöse Herzbeschwerden
Liebstöckel (Maggikraut)	Blätter/ Stengel	Suppen, Saucen, Fleisch (Hammel)	menstruelle Beschwerden, Stomachikum (appetit- u. verdauungsförderndes Mittel), Verdauung
Lorbeer	Blätter	Marinaden, Fischsud, Fleisch	Magenschmerzen, Fieber (roh)
Majoran	Kraut	Ragouts, Geflügel, Hülsenfruchtsuppen, Pastetenwürze	krampfstillend, harntreibend, magenstärkend, gegen Erkältungen

Name	*Bestandteil*	*Verwendung*	*Heilwirkung/Indikation*
Melde	Kraut	als Salat oder roh	Verstopfung, Verdauungsschwäche, Blutreinigungsmittel bei Lymphknotenschwellungen d. Virusinfektionen, Abwehrschwäche
Mohn	gemahlene Samen	Mohnkuchen, Mohnbrötchen etc. 1 EL Mohn mit Apfelscheiben	Juckreiz, Neurodermitis Schlaflosigkeit
Muskatnuß	Pulver	Fleisch, Gemüse, Käseauflauf, Kürbissuppe, Obstsalat, Pasteten	Universal-Nervenmittel, gegen Trübsinn, zur Blutreinigung, Entgiftung, bei Ermüdbarkeit, Trägheit, Konzentrationsschwäche, Unbegabtheit, Gehemmtheit, Herzdruck
Petersilie	Kraut	Salat, Suppen, Eintopf, als Sauce zu Fleisch und Fisch, roh besser	Fieber, »Herzwein«
Pfeffer (weiß)	gemahlene Körner	in mäßigen Mengen ans Essen (bei Appetitmangel, zus. mit Brot); ein Zuviel verursacht Brustfellentzündung und Säftezersetzung!	Appetitlosigkeit, seelisch bedingte Magersucht, »Milzsüchtigkeit«, Erhöhung der Magensaftsekretion
Pfefferkraut (nicht Bohnenkraut)	Kraut	roh!	Traurigkeit, Melancholie, Herzschwäche, Sehschwäche (grauer Star), Magen- und Darmbeschwerden, Blutdrucksenkung
Poleiminze (s. a. Erklärung S. 214)	Blätter	roh in Saucen, Gemüse, Hammel- und Ziegenfleisch, Marinade, Sülze oder Kräuteressig; als einziges Gewürz mit Salz	Gastritis, Eitermagen, Anacidität (Fehlen von Salzsäure im Magensaft), Colitis, Aufstoßen, Sodbrennen, kalter Magen; beinhaltet die Kraft von 15 Kräutern
Quendel (Feldthymian)	Kraut (auch pulverisiert)	mit Fleisch oder Gemüse gekocht, sonst in Leberknödel und Salaten	Hautausschläge, Ekzeme, Akne, Neurodermitis, Blutreinigung
Rainfarn*	Blätter (ohne Blüten!)	in (Dinkelgrieß-)Suppe, Pfannkuchen oder Fleisch etc.; stets gekocht! In kleinen Mengen	Erkältung, Husten, Katarrhe, Familienschnupfen, Polypen, Adenoide (Drüsenerkrankungen), Lymphatismus, Fluor (Ausfluß)
Salbei	Blätter	roh oder gekocht zu Suppen, Saucen, Fisch, Geflügel, Hammel, Wild, Hühnerleber (Blutarmut)	Atemgeruch, Verschleimung, Diätfehler, Infektionskrankheiten, Magengeschwüre, Blutbrechen

Name	*Bestandteil*	*Verwendung*	*Heilwirkung/Indikation*
Salz (Stein- oder Siedesalz)		in Maßen; die Speise sollte vor dem Salz herausschmecken	zuwenig Salz macht schlapp, zuviel trocknet aus und schädigt den Körper, speziell Lunge und Leber
Taubnessel	junge Blätter, Blüten, Wurzeln	Frühlings- und Gemüsesuppen, Kräutersaucen, Salate	Traurigkeit, herzerfreuend
Weinessig		in geringen Mengen beigefügt für alle Speisen geeignet; Kräuteressig für Salate, Sülze, Ragout, zuviel Essig behindert die Verdauung!	Magen-Darmreinigung, Verdauungshilfe, Stoffwechselanregung, Prostata (in jedes Essen bei letzterem Leiden)
Weinraute*	Blätter	roh nützlicher als getrocknet und vorzugsweise nach dem Essen	Depressionen, Wallungen, Verdauung, Gallenstau, Diabetes, Hormonregulationsstörungen, Duodenalulkus (Zwölffingerdarmgeschwür), zu starke Menstruation
Ysop	Kraut	gekocht oder pulverisiert nützlicher als roh; Geflügel, Suppen, Saucen, Käse, Quark, Gemüseeintopf, Kalbsragout	Leber, Lunge, Husten, Blutreinigung, Depressionen, Traurigkeit (Ursache für Leber- und Magenleiden) (Ysopwein für Leberleidende)
Zimt	Rinde (pulverisiert)	zu Habermus, Milch- und Mehlspeisen, Kompott, Kuchen, Hammel, Geflügel, ideal zu Apfelgerichten, im Winter zu Glühwein	Fehlsäfte, hormonelle Fehlsteuerung, Stoffwechselstörung (Harnsäuregicht), Diabetes, Malaria

* Kräuter mit spezieller Heilanzeige und nur für individuelle Zwecke zu verwenden (betroffene Patienten)

Erklärungen einiger Spezialgewürze

Bärwurz

Die mit Fenchel und Dill verwandte Bärwurz ist eine europäische Gebirgspflanze. Ihr Wurzelstock wird außer zum Würzen auch zur Herstellung von enzianähnlichen Schnäpsen und Likören verarbeitet. In der Hildegard-Medizin wird sie vor allem zum Reinigen des gesamten Magen-Darm-Trakts verwendet.
Bärwurzgewürzmischung besteht aus 35 g Bärwurz, 28 g Galgant, 22 g Süßholz und 15 g Mauerpfeffer.
Das Bärwurzpulver in Kombination mit Galgant, Süßholz und Mutterkraut wird mit Birnen und Honig zu einem Brotaufstrich verwendet, von dem Hildegard schreibt: »Es ist kostbarer als Gold und reinigt den Darm von seinem Schimmel.« Dieser Hinweis führte uns zur Behandlung von schweren inneren Krankheiten wie z. B. Migräne, Allergien, Neurodermitis, Asthma, Polyarthritis und anderen, deren Ursache zum allergrößten Teil immer auch im Darm zu suchen ist. Bei diesen Krankheiten ist die Darmflora gestört, meistens sogar mit Schimmel- und Hefepilzen überwuchert. Die **Bärwurzbirnhonig-Kur** ist eine alternative Behandlungsmethode gegen Candida-Infektionen.

Bertram

Der echte römische Bertram *(Anacyclus pyrethrum Linné)* wächst in den Mittelmeerländern, im Kaukasus und in Marokko. Verwendet wird die getrocknete Wurzel bzw. das Pulver, welches einen leicht aromatischen Geruch hat. Der Geschmack der Wurzel ist zunächst neutral, dann leicht brennend aufgrund eines scharfschmeckenden Harzes. Das Gewürz erzeugt starke Speichelabsonderung. In der deutschen Volksheilkunde hieß die Wurzel auch Speichel- oder Zahnwurzel, weil sie früher oft bei Zahnschmerzen, Zungenlähmung, Trockenheit der Mundhöhle oder als Tonikum bei

Verdauungsschwäche eingesetzt wurde. Übrigens fand der deutsche Bertram *(Pyrethrum germanicum)* bei Hildegard keine Verwendung.

Diptam

Diptam ist eine uralte Kräuterpflanze, die beispielsweise auf Kreta schon von den alten Minoern wegen ihrer starken Heilkräfte geschätzt wurde. Beheimatet ist diese Waldstaude, die zu den Rautengewächsen gehört, in Europa und Asien. Ihre Blätter enthalten reichlich ätherische Öle und sind dadurch entzündbar (Brennender Busch). Hildegard schrieb darüber: »Diptam hat die Kräfte des Feuers und des Steins in sich, weil er in seinen Kräften hart wie Stein ist... und er ist kräftig gegen Krankheiten, über die er das Übergewicht hat. Der Stein (die Arteriosklerose) wächst im Menschen von fetter Natur, und wenn er so zu wachsen beginnt, pulverisiere Diptam und esse dieses Pulver oft mit Dinkelbrot, und so hindert das den Stein am Wachsen.«

Galgant

Die Galgantpflanze aus der Familie der Ingwergewächse stammt aus China und wird heute auch in Indonesien und Indien kultiviert. Das aus den getrockneten Wurzeln gewonnene rotbraune Pulver ist von brennendem Geschmack. Zur Herzwirksamkeit des Galgants schrieb Hildegard: »Wer im Herzen Schmerzen leidet und wem von seiten des Herzens ein Schwächeanfall (Ohnmacht) droht, der esse sogleich eine hinreichende Menge Galgant, und es wird ihm besser gehen.«
1-3 Msp Galgantpulver ins Essen gestreut, verleiht insbesondere Fleischgerichten eine angenehm prickelnd-scharfe Würze und sorgt für eine gute Durchblutung und Vitalisierung. Auch Kompott, Marinaden, Obstsalate oder Kürbis würzt Galgant aufs angenehmste. In Marmeladen sorgt er nicht nur für Würze, sondern auch für eine natürliche Konservierung (3-7% Anteil).

Griechenkleegewürzmischung

Griechenklee, oft besser bekannt unter dem Namen Bockshornklee oder auch Griechisches Heu, ist Hauptbestandteil vieler Gewürzmischungen (z. B. Curry). Bockshornklee wächst im gesamten Mittelmeerraum, in Vorderindien, in China und in Äthiopien.
Griechenkleegewürzmischung besteht aus 60 g weißem Pfeffer, 20 g Kreuzkümmel (Mutterkümmel) und 10 g Bockshornkleesamenpulver. Es ist eine der besten Würzmischungen der Hildegardküche und paßt zu Fleisch- und Fischgerichten, Salatsaucen und Suppen genauso gut wie zu Käsebrot, Quark oder pikanten Brotaufstrichen.
Griechenklee hilft bei Erschöpfungszuständen. Es ist appetitanregend, beruhigt, regt aber zugleich den gesamten Organismus an. Sehr günstig auch während der Rekonvaleszenz.
Hildegard schrieb darüber: »Griechenklee ist mehr kalt als warm. Ein Mensch, der täglich Fieber hat und oft dadurch schwitzt, so daß ihn die Speisen anwidern und schädigen, nehme im Sommer das Kraut und wärme den Samen in Wein und trinke dies oft vor den Mahlzeiten, und es wird ihm besser gehen ...«

Poleiminze

»Wer die Blätter der Poleiminze mit Salz oft roh ißt, sie allein, nämlich als einziges Gewürz Fleischgerichten zugibt, dem wärmt sie den Magen/Darm. Wenn sein Magen sogar voll Gift, das heißt Eiter ist, reinigt sie diesen und heilt ihn.« Poleiminze hilft bei Aufstoßen und Völlegefühl, klärt aber auch die Augen.
Poleiminze ist eines der wichtigsten Augenmittel bei Hildegard. Der Hinweis auf die Wirkung bei »kaltem«, d. h. schlecht durchblutetem Magen/Darm führt zur Ursache dieser Augenleiden: Durchblutungsstörungen!

Beispiel eines 14tägigen Ernährungsplanes

Frühstück (immer gleich):

Dinkelhabermus in allen Variationen
Dinkelkaffee, Fencheltee
Dinkelvollkornbrot, Butter und diverse Marmeladen aus Quitten, Himbeeren, Kornelkirschen, Brombeeren etc.

Montag

mittags: Kürbissuppe
Kichererbsen-Dinkel-Bällchen mit Gemüse und Galgantsauce
Grüner Salat mit Dinkelkörnern
Rote Grütze

abends: Maultaschen geschmälzt
Fenchel-Orangen-Mandel-Salat

Dienstag

mittags: Hühnerleberknödelsuppe
Überbackener Fenchel, Dinkelkernotto
Grüner Salat mit Dinkelkörnern
Apfel mit Himbeersauce

abends: Dinkelcremesuppe
Mariniertes Gemüse

Mittwoch

mittags: Maronicremesuppe mit Bockshornklee
Dinkel-Gemüsepizza
Grüner Salat mit Dinkelkörnern
Kürbis süß-sauer

abends: Geröstete Dinkelgrießsuppe
Artischocken mit Sauce vinaigrette oder Hollandaise

Donnerstag

mittags: Kichererbsensuppe
Gefüllte Dinkelpfannkuchen
Grüner Salat mit Dinkelkörnern
Apfelkuchen

abends: Gemüsesuppe
Apfel-Dinkelzwieback-Auflauf

Freitag

mittags: Brunnenkressecremesuppe
Lachsforellenfilet mit Kräuter-Wein-Sauce
Dinkelreis, Fenchelgemüse
Grüner Salat mit Dinkelkörnern
Quittenschaum

abends: Passierte Kräutersuppe mit Dinkel
Rote Bete mit Meerrettich

Samstag

mittags: Kürbissuppe
Gemüsebratlinge mit Kräuterbutter
Grüner Salat mit Dinkelkörnern
Gedünsteter Apfel mit Mandelsauce

abends: Dinkelgrießsuppe
Bohnenkernsalat
Grüner Salat

Sonntag

mittags: Kalbsfußknochensuppe mit Dinkelflädle
Hirschragout mit Dinkelnudeln
Bohnen- und Karottengemüse
Grüner Salat mit Dinkelkörnern
Weincreme

abends: Fenchelcremesuppe
Dinkelbrot mit vegetarischem Aufstrich
Salat

Montag

mittags: Dinkelcremesuppe
Dinkelkernottogericht indische Art
Grüner Salat mit Dinkelkörnern
Mandelpudding

abends: Kalbsfußknochensuppe mit Gemüsestreifen
Dinkelvollkornbrot mit Hummus (Kichererbsenaufstrich)
Grüner Salat mit Dinkelkörnern

Dienstag

mittags: Zwiebelsuppe
Gefüllte Mangoldröllchen
Grüner Salat mit Dinkelkörnern
Johannisbeerkuchen

abends: Geröstete Dinkelgrießsuppe mit Quendel
Dinkelpfannkuchen mit Zitrone und Zimt

Mittwoch

mittags: Gemüsesuppe mit Dinkelkörnern
Kichererbsenbratlinge mit Knoblauchsauce
Grüner Salat
Kastanienkompott

abends: Gebackene Sellerschnitzel
Grüner Salat mit Dinkelkörnern

Donnerstag

mittags: Passierte Kräutersuppe mit Dinkel
Dinkelpfannkuchen mit Hühnerleberfüllung
Grüner Salat mit Dinkelkörnern
Quittenschaum

abends: Dinkelcremesuppe
Spinatpüree mit Spiegelei

Freitag

mittags: Brennesselcremesuppe
Gedünsteter Zander auf Gemüsestreifen
Grüner Salat mit Dinkelkörnern
Mandelkuchen

abends: Dinkelgrießsuppe
Rote-Bete-Timbale mit Knoblauchbrot
Grüner Salat mit Dinkelkörnern

Samstag

mittags: Kürbissuppe
Grüne Dinkelnudeln und Käsepasta Pedro
Grüner Salat mit Dinkelkörnern
Birne mit Himbeersauce (wie Äpfel)

abends: Passierte Kräutersuppe
Dinkelbrot mit Hühnerleberaufstrich

Sonntag

mittags: Fenchelcremesuppe
Lammkeule im Kräutermantel
Grüne Bohnen, Dinkelspätzle
Salat
Apfel in Gewürztraminer

abends: Borschtsch mit Mandelcreme
Kastanien-Sahne-Dessert

Die Eigenschaften der Lebensmittel

Alle in diesem Buch empfohlenen Lebensmittel sind für Gesunde bekömmlich. Hildegard unterscheidet aber die Lebensmittel in Hinsicht auf ihre Verträglichkeit, berücksichtigt die individuellen Unterschiede der Menschen, denn nicht alle vertragen alles gleich gut. So unterscheiden sich Gesunde und Kranke, Dicke und Dünne, alte und junge Menschen oder gar Menschen mit ganz bestimmten Krankheiten, für die es spezielle Diäten gibt (siehe hierzu auch: »Ernährungstherapie der hl. Hildegard«, Bauer Verlag, Freiburg).
Die folgende Tabelle unterscheidet drei Kategorien von Lebensmitteln:

1. Lebensmittel mit erwärmender, durchblutungsfördernder Wirkung, geeignet für Menschen, die zu Durchblutungsstörungen neigen.
2. Lebensmittel mit abkühlender Wirkung, geeignet für Menschen, die von Natur aus gut durchblutet sind und manchmal abgekühlt werden sollten, z. B. bei Entzündungen.
3. Lebensmittel, die auch Kranke gut vertragen.

Lebensmittel	**durchblutungs-fördernd**	**abkühlend**	**auch für Kranke geeignet**
Getreide			
Dinkel	x		x
Dinkelbier			x
Gerste		x	
Gerstenbier			x
Hafer	x		
Roggen	x		
Weizen			x

Lebensmittel	durchblutungs-fördernd	abkühlend	auch für Kranke geeignet
Gemüse			
Bohnen	x		x
Edelkastanien	x		x
Erbsen		x	
Fenchel	x		x
Kichererbsen	x		x
Knoblauch	x		x
Kürbis			x
Linsen		x	
Meerrettich	x		
Mohrrüben		x	x
Pastinaken		x	x
Rettich	x		
Rote Bete			x
Salat		x	x
Sellerie	x		
Teltower Rübchen			x
Zwiebeln		x	
Geflügel			
Fasan		x	
Gans	x		
Huhn		x	x
Pute			x
Strauß			x
Taube		x	
Wildente	x		x
Fleisch			
Hase		x	
Hirsch	x		x
Lamm		x	x
Reh			x

Lebensmittel	durchblutungs-fördernd	abkühlend	auch für Kranke geeignet
Rind		x	
Schaf		x	
Schwein	x		
Ziege	x		
Fisch			
Äsche	x		x
Barsch	x		x
Forelle	x		
Hecht	x		x
Hering		x	
Karpfen	x		
Kretzer			x
Lachs		x	
Rotauge	x		x
Stör		x	
Wal			x
Waller	x		x
Obst, Früchte			
Apfel, gek.			x
Äpfel	x		
Birne		x	
Brombeeren	x		x
Datteln	x		x
Feigen	x		
Hagebutte	x		
Haselnuß		x	
Heidelbeere		x	
Himbeeren		x	
Johannisbeeren			x
Kirschen	x		x
Kornelkirschen	x		x

Lebensmittel	durchblutungs-fördernd	abkühlend	auch für Kranke geeignet
Mandeln	x		x
Maulbeeren		x	x
Mispeln	x		x
Quitten	x		x
Schlehen	x		x
Walnuß	x		
Weintrauben	x		
Gewürze			
Beifuß	x		x
Bertram	x		x
Galgant	x		x
Gewürznelken	x		x
Griechenkleesamen		x	x
Liebstöckel	x		x
Melde		x	x
Mohn		x	x
Muskatnuß	x		
Mutterkümmel/Kreuz-	x		x
Petersilie	x		x
Pfeffer	x		
Pfefferkraut	x		x
Quendel	x		x
Salbei	x		x
Salz	x		x
Ysop	x		x
Zimt	x		x
Speiseöle			
Kürbiskernöl		x	x
Mandelöl	x		x
Sonnenblumenöl	x	x	x

G. Hertzka/W. Strehlow: *Küchengeheimnisse der Hildegard-Medizin.* Verlag Hermann Bauer, Freiburg, 8. Aufl. 1995.

G. Hertzka/W. Strehlow: *Die Edelsteinmedizin der heiligen Hildegard.* Verlag Hermann Bauer, Freiburg, 12. Aufl. 1995.

G. Hertzka/W. Strehlow: *Handbuch der Hildegard-Medizin.* Verlag Hermann Bauer, Freiburg, 8. Aufl. 1996.

G. Hertzka/W. Strehlow: *Große Hildegard-Apotheke.* Verlag Hermann Bauer, Freiburg, 4. Aufl. 1995.

Wighard Strehlow: *Die Ernährungstherapie der heiligen Hildegard. Rezepte, Kuren, Diäten.* Verlag Hermann Bauer, Freiburg, 6. Aufl. 1995.

W. Strehlow: *Hildegard-Heilkunde von A–Z.* Droemer & Knaur Verlag, München 1993.

W. Strehlow: *Heilen mit der Kraft der Seele. Die Psychotherapie der heiligen Hildegard.* Verlag Hermann Bauer, Freiburg 1993.

Gottfried Hertzka: *So heilt Gott.* Christiana Verlag, Stein am Rhein, 12. Aufl. 1985.

Gottfried Hertzka: *Das Wunder der Hildegard-Medizin.* Christiana Verlag, Stein am Rhein, 4. Aufl. 1985.

Gottfried Hertzka: *Die kleine Hildegard-Apotheke.* Bund der Freunde Hildegards St. Georgen.

W. Strehlow, G. Hertzka, W. Weuffen: *Die diätetischen Eigenschaften von Dinkel bei der Behandlung von chronischen Krankheiten,* aus: 2. Hohenheimer Dinkel-Kolloquium vom 21./22. März 1991 an der Universität Hohenheim. Dinkelacker-Stiftung, Stuttgart.

Eduard Gronau: *Hildegard von Bingen.* Christiana Verlag, Stein am Rhein 1985.

Hugo Schulz: *Ursachen und Behandlung der Krankheiten.* München 1933; Nachdruck: 3. Aufl., Basler Hildegard-Gesellschaft, Basel 1982.

Hl. Hildegard: *Heilkraft der Natur – Physica.* Pattloch Verlag.

Rezeptregister nach Sachgruppen

Desserts

Brot, Brötchen und Gebäck

Brotaufstrich

Alphabetisches Rezeptregister